常州市工业和信息化局 编

Intelligent Manufacturing in Changzhou

常州智造

苏州大学出版社
Soochow University Press

图书在版编目(CIP)数据

常州智造/常州市工业和信息化局编；薛庆林主编
.—苏州：苏州大学出版社，2022.7
ISBN 978-7-5672-3944-9

Ⅰ.①常… Ⅱ.①常… ②薛… Ⅲ.①智能制造系统-制造工业-工业企业-概况-常州 Ⅳ.①F426.4

中国版本图书馆 CIP 数据核字(2022)第 113491 号

常州智造
Changzhou Zhizao

常州市工业和信息化局　编

责任编辑　肖　荣

苏州大学出版社出版发行
(地址：苏州市十梓街 1 号　邮编：215006)
苏州市越洋印刷有限公司印装
(地址：苏州市吴中区南官渡路 20 号　邮编：215104)

开本 718 mm×1 000 mm　1/16　印张 14　字数 146 千
2022 年 7 月第 1 版　2022 年 7 月第 1 次印刷
ISBN 978-7-5672-3944-9　定价：80.00 元

若有印装错误，本社负责调换
苏州大学出版社营销部　电话：0512-67481020
苏州大学出版社网址　www.sudapress.com
苏州大学出版社邮箱　sdcbs@suda.edu.cn

编委会

主任：严德群

主编：薛庆林

成员：谢忠秋　陈晓雪　陈爱萍　周　峥

　　　仲雅芬　舒　克　王瑞恒　李　静

　　　袁　东　徐　磊　包天然

序

常州是一座历史悠久的文化古城。早在4 500万年前，高级灵长类动物祖先"中华曙猿"就已生活于常州溧阳上黄一带。距今6 000多年前，原始居民就聚居于常州戚墅堰圩墩村一带。距今3 200年左右，常州一带人类活动越来越频繁。公元前547年春秋末期，吴王寿梦第四子季札封邑延陵，因此常州古称延陵。到隋文帝开皇九年（公元589年）开始有"常州"这一名称。常州2 500多年有文字记载的灿烂历史传承着长江文明、东吴古韵、齐梁文化、阳湖精神和运河底色。正如诗人陆游称赞常州所云："儒风蔚然，为东南冠。"

常州不但历史悠久，而且区位优势独特。常州地处长江下游平原、长三角腹地，东临太湖，大运河穿城而过，属亚热带海洋性季风气候，四季分明，日照充足，雨量充沛，号称"苏南鱼米之乡"。优越的地理和人文环境不仅使常州成为人杰地灵的宜居宝地，而且使常州成为产业崛起的发祥地。从晋、唐时期家庭手工业的萌芽，到宋代、明清时期的快速发展；从20世纪初民族工业的崛起，到中华人民共和国成立以后现代工业体系的重建；从改革开放后工业明星城市的样板，到迈入新世纪的高质量发展。常州工业历经沧桑，从无到有、从小到大、从弱到强，在历史的长河中中流击水、砥砺前行，不断跃上新的高度，创造新的奇迹。

进入新时期，常州工业发展仍稳居全国前列，凭借"常州创造"和"常州智造"的雄厚实力再次站在了时代的前沿。常州智能制造的经验做法，入选工信部"智能制造区域发展战略研究"重大软科学课题，成为我国区域智能制造十大推进路径之一。《人民日报》以"制造变智造 企业加速跑"为题，专题解读了常州"龙头企业为主导，上下游协同创新"的智能制造发展模式。面对云计算和大数据等现代信息技术与工业制造体系的融合大势，常州再一次抢夺先机，打响了"常州制造"向"常州智造"深度转型、高端升级的攻坚战，一幅栩栩如生的"智能制造"名城的壮美蓝图已跃然纸上。

为了更好地总结经验，展望未来，本书从百年历史、产业强市、质量兴市、科技创新、专精特新、智改数转、绿色发展、生态优化、展望未来等九个维度，全方位展示了常州智能制造的成绩，多角度剖析了常州独特的经验做法，以期展现常州企业家"勇争一流、耻为二手"的创新创业精神，展现常州工业"经世致用、坚守实业"的执着追求，展现常州锚定实体经济、聚力产业强市的城市自信和特质！

又见东风浩荡时，扶摇直上九万里。当前，常州正全力"建设国际化制造名城，打造长三角中轴枢纽"，推动常州高质量发展走在全省前列。好风凭借力，扬帆正当时。在新的历史起点上，让我们以辉煌的过去激励前行的豪气，从历史经验中汲取创新的智慧，砥砺初心担使命，奋楫扬帆再出发！

正所谓：古有龙城，"三吴重镇、八邑名都"，"天下名士有部落，东南无与常匹俦"；今有常州，"产业立市、智造强市"，"长风破浪会有时，直挂云帆济沧海"！

编　者

2022 年 7 月

Contents

第一章　百年历史——常州智造的奠基石　/ 1

第一节　20世纪初——常州近代工业崛起　/ 2
第二节　中华人民共和国成立后——常州现代工业体系构建　/ 9
第三节　改革开放——"工业明星城市"标杆　/ 12
第四节　迈向新世纪—— 从"制造"走向"智造"　/ 21

第二章　产业强市——常州智造的立足点　/ 27

第一节　常州产业发展成就斐然　/ 28
第二节　先进制造业集群群雄并起　/ 30
第三节　产业集群培育的常州探索　/ 46

第三章　质量兴市——常州智造的主基调　/ 59

第一节　质量兴市走在全省前列　/ 60
第二节　质量兴市的常州模式　/ 62

第四章　科技创新——常州智造的制高点　/ 75

第一节　政府谋划，优化创新要素资源配置　/ 77
第二节　突出主体，增强企业自主创新能力　/ 83
第三节　聚焦"瓶颈"，重点攻克"卡脖子"难题　/ 88

第五章　专精特新——常州智造的主力军　　/ 97

第一节　专精特新的政策背景　　/ 98
第二节　专精特新——常州"硬核"　　/ 101
第三节　专精特新——亮点纷呈　　/ 103
第四节　专精特新——常州经验　　/ 114

第六章　智改数转——常州智造的新动能　　/ 121

第一节　智改数转赋能常州制造　　/ 122
第二节　智改数转特色亮眼　　/ 125
第三节　智改数转的常州路径　　/ 136

第七章　绿色发展——常州智造的主色调　　/ 141

第一节　唱响主题曲——产业转型见成效　　/ 142
第二节　坚持主基调——绿色产业谱华章　　/ 146
第三节　奏响多重奏——打造绿色制造标杆　　/ 156

第八章　生态优化——常州智造的孵化器　　/ 163

第一节　产融合作——助推智造能级跃升　　/ 164
第二节　人才引育——保障产业发展第一要素　　/ 168
第三节　法制护航——切实维护企业合法权益　　/ 175
第四节　政务改革——增强企业获得感、满意度　　/ 178
第五节　创新创业——助力小微企业提档升级　　/ 182

第九章　展望未来——常州智造的新辉煌　　/ 187

第一节　"532"战略引领更高层次发展　　/ 189
第二节　"十四五"规划描绘美好蓝图　　/ 191
第三节　开启常州智能制造2.0时代　　/ 195

参考资料　　/ 202

后　　记　　/ 211

第一章
百年历史——常州智造的奠基石

"千载读书地,百年工商城",常州有着厚重的文化积淀、崇文尚德的城市风骨,是近代中华民族工商业的重要发源地之一。常州江湖汇秀,工业文明源远流长。

第一节　20世纪初——常州近代工业崛起

常州最早的工业可以追溯到晋代梳篦等家庭手工业；隋代时的晋陵织绣是朝廷贡品；到了唐代，常州产的绢、绸、红紫棉布、龙凤席已有较高水平，造纸业也十分发达，是全国15个重要产纸地区之一；宋代设有官办的造船场、药局等，生产的晋陵绢、华士布、梳篦享誉海内外，常州与苏、杭、湖、松成为江南五大纺织精品生产地，闻名全国。

明清时期，常州商品化进程得到较快发展，家庭手工业如梳篦业、土布业、纺麻业、猪鬃业、砖窑业等遍布城乡，达到了中国封建社会的最高水平。常州成为全国33个较大商业和手工业城市之一。现存的织机坊、打索巷、木匠街、木梳街、斛搅巷、麻巷就是历史的缩影。

20世纪初，随着上海开埠以及沪宁铁路开通，常州民族工商业开始崛起并蓬勃发展。盛宣怀、刘国钧等一批爱国实业家，领风气之先，走实业之路，纷纷开设新式工厂。特别是辛亥革命后，社会各界普遍认识到兴办工厂、实业救国的重要性和迫切性。加之"一战"时期帝国主义列强无暇东顾，常州工商界人士抓住了这一历史机遇，形成办厂风潮。纺织、粮油加工、机械制造、电力等产业相继在常州兴起，新式工厂如雨后春笋般涌现。这些企业创建初期规模较小，设备简陋，却书写了一座座行业里程碑，创下一个个延续百年的业界传奇，开常州近代工业之先河。到北伐前夕，常州纺织、机械、食品、电力等近代工业已具相当规模。这座昔日江南的"米码头",华丽转身为中华民族工商业发祥地。从1927年到1937年抗战前,常州纺织染工业在全国一枝独秀,初步形成了以纺织工业为中心,包括面粉业、碾米业、油业、毛巾业在内的准工业城市。

一、第一家纺织企业——晋裕织布局

1906年,吴幼儒在东下塘原江西会馆创设晋裕织布局(俗称晋裕布厂),生产"宁条布",这是常州第一家机器织布工厂。晋裕布厂的创立,标志着常州近代工业的开端,使常州织布业真正从手工作坊迈向工厂化生产,在生产设备上从土纺土织向机器织布转变。创办同年,工厂生产的本色斜纹布即获意大利米兰万国博览会一等奖,后在巴拿马太平洋万国博览会上再次获奖。在晋裕布厂的带动下,赵锦清与蒋盘发、蒋鉴霖三人合资先后创办裕纶布厂、锦纶染织厂、大纶机器织布厂,其中,大纶机器织布厂是常州最早使用燃油蒸汽机的动力机械织布厂。到1919年,常州已有各种布厂20余家,奠定了常州机器织造在纺织业中的重要地位。

二、第一家发电企业——武进振生电灯公司

1913年,祝大椿、张赞墀、吴树棠、费志超、薛云鹏五人集资,创办武进振生电灯公司,这是常州第一家发电企业,为全城电灯供电。

三、第一家机器制造企业——厚生机器厂

常州是民国时期全国机器制造业的重要中心之一,规模一度仅次于上海。1913年,晚清秀才奚九如创立的厚生机器厂(图1-1)是我国最早生产内燃机的3家企业之一。1930年厚生机器厂开始制造纺织机械,为常州纺织工业的崛起提供了装备保证。抗战前夕常州40多家纺织染厂有一半以上使用厚生机器厂生产的机械。1955年厚生机器厂改

图1-1 厚生机器厂旧址

造为地方国营企业，更名为常州机器厂，1964年更名为常州柴油机厂，一直沿用至今。厚生机器厂的示范效应，促进了常州其他机械制造企业的建立，逐步形成本地区的织布机、经纱机、柴油机、碾米机、磨粉机等机械加工制造产业。

四、第一家电机制造企业——震华制造电气机械总厂

1921年，清末举人、民族资本家杨廷栋及施肇曾等人筹办的震华制造电气机械总厂（图1-2），是当时全国八大电厂之一，开创了中国电机制造先河。1928年，该厂收归国办，易名戚墅堰电厂。1947年，戚墅堰电厂投产了我国第一台列车发电设备。中华人民共和国成立后，更名为戚墅堰发电厂（图1-3）。

图1-2　20世纪20年代的震华制造电气机械总厂

图 1-3　2022 年的华电集团戚墅堰发电厂

五、第一家纺织印染全能企业——大成纺织厂

1930 年，现代杰出的实业家、纺织巨子，著名的爱国民族工商业者刘国钧接盘大纶厂，更名组建大成纺织印染有限公司，后相继成立大成二厂、三厂（图 1-4）和武汉大成四厂，成为纺、织、印、染联营的全能企业，并在中国民族纺纱工业中最早生产丝绒、灯芯绒等产品。在 20 世纪 30 年代全国纺织业日趋萧条的情况下，唯大成公司 8 年以 8 倍速度增长，成为纺织业奇迹。

中华人民共和国成立后，大成公司先后更名为国棉一厂、常州大诚纺织集团有限公司。

在大成厂的影响下，民丰纱厂（后为常州第二棉纺织厂）、利民纱厂（大明纱厂前身，现为天虹纺织）、恒源畅布厂（后为

图1-4 大成纺织三厂旧址

第五毛纺厂)、益丰昌染厂(后为东方印染厂)、九丰印染厂(后为常州灯芯绒厂、月夜灯芯绒有限公司)、嘉声染织厂(现为黑牡丹集团),以及利源、协源、协盛、裕民、同新、华昌、大东等一大批企业相继成立,纺织业繁荣发展,成为常州第一支柱产业,是常州进入近代化的重要标志。大明纱厂民国建筑群(图1-5)2020年被工信部列入第四批国家工业遗产名录。

六、第一家近代化大型工厂——戚机厂

戚机厂的前身是建于1905年的上海吴淞机厂,因遭日军破坏,于1936年至1937年间被迫搬迁至常州,更名为戚墅堰机厂(简称戚机厂,图1-6),负责机车修理,开创了常州铁

图 1-5 大明纱厂民国建筑群

图 1-6 戚机厂（2021年被工信部列入第五批国家工业遗产名录）

路运输设备修造业的先河。中华人民共和国成立后，戚机厂成为国家骨干企业。先后制造出蒸汽机车、内燃机、客货机车及一大批机车车辆配件，并成功研制"先行号""东方红号""雪域神舟号"等机车（图1-7），为提高我国铁路运输能力做出了重大贡献。

在近代工业史上，常州创建的明星企业不胜枚举。常州

图 1-7 戚机厂自主研发的"雪域神舟号"机车和 R12V260ZJ 型柴油机

土生土长的民族资本家在本地传统手工业、商业的基础上，跳出传统，变"商"为"工"，探索出了初步工业化的"常州路径"，形成了产融结合、轻重工业协调发展、机器大生产、运河工业带等诸多常州特色。但非常遗憾的是，抗日战争爆发后，日军侵占常州，大肆破坏工商业，掠夺民族工业资产。抗战胜利后，国民政府统治时期政治腐败，经济衰败，加之帝国主义经济侵略和官僚资本压榨，常州民族工业发展一度受到严重制约。一部常州近代工业史可以说就是一部曲折动荡的发展史。

第二节　中华人民共和国成立后
——常州现代工业体系构建

中华人民共和国成立后，常州工业得到飞速发展。1949年，常州有474个工厂，主要集中在粮食、纺工和机械行业，其中国有企业只有3个，绝大部分是私营企业，从业人数约

2万人。中华人民共和国成立后,通过对手工业、私营企业改造,工业生产恢复发展。通过兴办工业,冶金、机械、电子、建材等产业应运而生,轻纺工业也从棉纺拓展到丝绸、毛纺、轻纺机械等领域。进入20世纪60年代,常州开始探索工业生产中"一条龙"的协作模式。首先在灯芯绒领域进行尝试,通过产业互联和协作,将纺纱、织布、割绒、印染等11个工厂组合在一起,进行工序整合,组织了灯芯绒"一条龙"生产模式,产量和质量大幅提升,花色品种达1 000多个,产品畅销海内外。随后,常州"一条龙"生产协作模式不断被推广,到70年代末,已形成灯芯绒、手扶拖拉机、卡其布、花布、化纤、玻璃钢、半导体、塑料、自行车、照相机等总共16条"龙"专业协作发展模式,形成16条"龙"群舞的工业支柱骨架,创造了被国人津津乐道的"十六条龙"工业奇迹。

1975年5月10日,《人民日报》发文介绍了常州"农字当头滚雪球",发展工业的独特思路。常州在工业发展起步阶段,扭住农业这个牛鼻子,以农保工,以工带农,大力发展柴油机、手扶拖拉机等农用机械以及化肥、农药等农业生产资料,从而滚雪球似的发展了常州的重工业。同样以常州化工厂为骨干,抓住"六六六"原粉生产,带出农药、化肥、盐酸、磷肥等一批化工原料,逐步滚雪球一样建立起塑料、染料、医药、合成纤维、玻璃钢等化工业,并为其他行业的发展创造了条件。这一时期常州相继成立了地方国有常州变压器厂、常州拖拉机厂(图1-8)、常州

图1-8 创建初期的常州拖拉机厂

客车厂、常州钢铁公司、常州农药厂等67家单位，使常州从以轻纺工业为主的中小城市逐步滚雪球式发展成为以轻纺为主，机械、电子、化工、医药、建材等产业全面发展的工业化城市。次日，《人民日报》又以"桌子上唱起了大戏"为题介绍常州企业依靠群众，自力更生，走"革新、改造、挖潜"的路子，使小厂也能办大事。常州拖拉机厂利用小厂房，改造老设备，在"桌子"上唱起了"大戏"，质量、性能均达到或超过国外先进水平，成为当时国内生产手扶拖拉机最多的厂家。

到20世纪70年代末80年代初，常州基本完成了工业基础的再造和工业体系的构建，拥有机械、电子、化工、纺织、轻工、医药、建材七大行业，能大规模生产手扶拖拉机、柴油机、变压器、农药、硫酸、棉纱等大宗产品，列入国家计划的重要产品520多种、3 140余件。常州的工业发展提升了常州的经济实力和知名度。常州就业安置率全国排名第一位，劳动生产率、人均产值、财政收入与全国69个同类城市相比排名第一位，形成了工业明星城市的雏形。

第三节　改革开放——"工业明星城市"标杆

改革开放以来，常州被国务院确定为全国经济体制综合改革试点城市。常州在改革中发展工业，在工业中推行改革。20世纪80年代中后期，常州先后提出《关于落实中央三号文件精神加快对外开放的实施意见》《关于加强工业企业管理若干问题的决定》《关于进一步增强企业活力若干问题的决定》《常州市市级工业管理机构改革实施意见》等。90年代，常州又先后出台《工业经济振兴计划》《常州市进一步完善工业企业承包经营责任制的意见》《全民所有制工业企业转换经营机制实施意见》《工业企业合（兼）并暂行规定》《出售工业企业产权暂行办法》《工业结构调整工作意见》等政策措施，发力推进所有制改革和工业结构调整。改革取得了丰硕成果，常州逐步成为中小城市发展工业经济的标杆，成为全国闻名的"改革明星城市"和"工业明星城市"。

一、"苏南模式"闪耀中国

20世纪70年代中期,常州就创造出"一厂两制"结构,即全民带集体或集体内含全民的所有制形式,集体企业开始发挥作用。80年代初,常州与苏州、无锡共同创造了发展乡镇集体经济的"苏南模式"。常州的乡镇企业在原社队企业的基础上异军突起,从"七五"期末的半壁江山,到"八五"时期的四分天下有其三,再到"九五"时期的五分天下有其四,创造了骄人业绩。沪宁沿线出现了"村村点火,处处冒烟"的繁荣景象。1982年,常州人均财政收入达232.13元,高于苏州的200.12元;实现工业利税8.84亿元,高于苏州的7.68亿元和南京的8.77亿元。时任中共中央总书记的胡耀邦曾指出:常州市是全国城市中的一个典型,希望全国一半城市都能像常州一样。全国掀起了"中小城市学常州"的热潮。从1978年到2000年,常州全市乡镇企业从3 103家发展到15 453家。涉及的行业包括机械、电子、纺织、化工、冶金、电力、煤炭、炼焦、石油、建材、食品、缝纫、皮革、造纸、森林工业、文教艺术等16个大类。这奠定了常州在苏锡常板块中的地位。

二、工业名品灿若繁星

常州在工业领域大力开展产品创优活动,取得了耀眼的业绩,为工业明星城市增添了靓丽的风景。这一时期,常州拥有100多个处于全国领先地位的优质产品,获国家金质奖

15个，银质奖78个；全国独家生产的产品就有15个，占全国产量50%以上的产品有16个；小型柴油机、手扶拖拉机等13个产品产量位居全国第一位；灯芯绒、卡其布的出口量位居全国第一位。

S195常柴牌柴油机（图1-9）：诞生自20世纪60年代的常州柴油机厂，曾经荣获1980、1982、1988年度国家质量金质奖。

图1-9　常州柴油机厂生产的S195柴油机

月夜牌灯芯绒（图1-10）：前身是荷花灯舞牌灯芯绒。灯芯绒纺、织、割、染一条龙协作生产方式助推常州灯芯绒总厂（后更名为常州月夜灯芯绒有限公司）的产品质量进入国际先进行列。1979年，荷花灯舞牌杂色灯芯绒获国家质量金质奖。

童鹰牌毛毯（图1-11）：20世纪80年代中后期，童鹰

图 1-10 月夜牌灯芯绒

图 1-11 第五毛纺厂的童鹰牌毛毯

牌毛毯成为改制后的常州市第五毛纺厂（原恒源畅布厂）响当当的牌子，市场供不应求。

东风12型手扶拖拉机：该机器曾先后两次荣获国家质量金质奖、全国手扶拖拉机十佳产品金牛奖等荣誉称号，并获得中国拖拉机工业50年农民最喜爱的拖拉机品牌、中国名牌产品等荣誉称号。

黑牡丹牌牛仔布：1979年，黑牡丹商标获准注册。一年后开始生产牛仔布。1982年，在广交会上获得牛仔布订单。1983年，黑牡丹牌牛仔布荣获国家银质奖，牛仔布成为企业立身的法宝。

金狮牌自行车：1976年建厂于常州，20世纪80年代末，金狮牌自行车的年产量一度达到250万辆，排在全国第三位。常州也成为红极一时的自行车小王国。

星球牌收录机（图1-12）：20世纪八九十年代，常州星球牌收录机的销量在全国数一数二，市场占有率一度达到30%。常州星球与武汉的长江、盐城的燕舞、上海的红灯和春雷、南京的熊猫并列为收录机知名品牌。SL832和SL303型号产品分别获得全国音质奖和全国质量奖；SL8807型号产品累计销售100多万台。

此外，六鹤牌棉纱、水月牌杂色卡其布、文笔塔牌印花双面绒、激光测距仪、汉字印字机、红梅牌照相机、幸福牌电视机、第一代变压器等一系列产品也远近闻名，深受广大消费者好评。

图 1-12　星球牌收录机生产线

三、外向型经济起步

常州外向型经济起步于 20 世纪 80 年代中期。1985 年,国务院批准常州为沿海经济开放地区后,常州明确提出了发展外向型经济的新战略,把扩大出口创汇作为重点。

1984 年,常州开办首家中外合资企业——中国常利企业有限公司。1990 年常州在工业展览馆举办首届新产品交易会(图 1-13)。1991 年,常州东方实业公司在新加坡设立常新企业发展有限公司,是常州市最早"走出去"的民营企业。随后涌现出了天合光能、常发实业、今创集团等一大批"走出去"重点民营企业,其中金昇集团累计斥资 6.7 亿欧元,先后并购德国埃马克、瑞士欧瑞康等国际知名企业,恒立液压并购德国哈威莱茵公司,天合光能并购西班牙光伏跟踪支架公

图 1-13 1990 年常州在工业展览馆举办首届新产品交易会

司（Nclave）等。

1992 年常州国家高新技术开发区成立，翻开了吸引外资企业进区发展的新篇章。1996 年常州开始举办国际中小企业商品博览会，并于 2000 年升格为国家级、国际性博览会。2001 年中国加入世界贸易组织，常州海关直通点获准设立，常州港被国务院批准为一类开放口岸。2002 年世界中小企业大会在常州举行，这是继 1993 年在北京举办后在中国举办的第二次世界中小企业大会。同一时期常州招商引资取得显著成效，利用外资的强劲发展势头拉开了常州全方位、快速发展外向型经济的序幕。

四、民营经济迅速发展

常州市民营经济发展与改革开放同步。

1979年常州人高钧拿到全省首张个体工商户营业执照。同年,常州市在市区范围内对个体经营者进行全面整顿,恢复办理申请登记。到1985年年底,市区个体工商户发展到2 967户,4 140人,人数为1976年的10倍。迎春小商品市场(香港滩)应运而生,许多知青和社会闲散人员走进市场从事服装和小商品经营,在改革开放的大潮里一显身手,成为常州市第一批个体经营户。

1988年7月,改革开放后常州首家私营有限责任公司常州市高达实业有限公司(图1-14)诞生,注册资本70万元。同年12月,全省首家与台商合资企业常州裕达塑料制

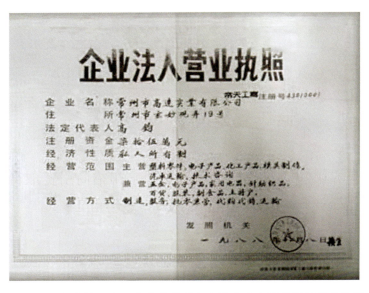

图1-14 全省第一家私营企业常州市高达实业有限公司的营业执照

品有限公司登记注册成立。到该年年底，全市企业已有31家。至此，常州民营工业经济实现了零的突破。

  1992年，邓小平发表南方谈话，彻底消除了人们在认识上对发展民营经济的顾虑。1993年，常州市迅速制定出台了扶持私营企业发展的专门政策，规定对私营企业在注册资金、名称核准、登记区域、生产场所、行业准入、生产经营范围、利税、用工等方面放宽政策，并鼓励在私营企业自营进口、招商引资、开发新产业等方面给予优惠。该年年底，全市新增私营企业1 123家，总数近3 000家。1996年，常州市印发《关于加快发展个体私营经济的若干意见》，把个体私营经济纳入地方经济和社会发展的总体规划与政府目标，推动个体私营经济发展。1997年，常州市工商局推出鼓励个体私营企业多吸收下岗待业人员、促进个体私营经济发展的8项扶持优惠措施。1999年，常州乡镇企业改革率达到95%。之后的"二次改制"及一系列政策激励，为民营经济发展注入了活力。2000年，全市共有私营企业1.4万家，个体私营企业总计10.2万家，从业人员将近23万人。企业开始延伸至农林牧渔业、采掘业、建筑业、交通运输业、仓储业及其他行业。在这一阶段，常州民营企业开始有序发展，在经营上重视市场规则，并实现了资本的原始积累，为步入新世纪成为常州经济发展的主力军奠定了坚实的基础。

第四节　迈向新世纪——从"制造"走向"智造"

进入 21 世纪，常州制造业迎来新的发展机遇，也面临新的挑战。一方面，常州所处的长三角经济带成为全球制造业的重要基地；另一方面，传统工业企业面临科技含量低、市场结构性矛盾等一系列困境，因此，调整改造、提质增效成为常州制造业转型升级的必由之路。

一、加快产业结构调整

21 世纪以来，常州以有效投入带动产业结构调整，以科技创新提升企业竞争力，大力调整产业结构。加速高新技术产业发展进程，壮大常州优势产业——装备制造业。培育新兴产业，改造、调整传统产业，实现产业结构的升级——由传统的轻型产业为主迅速转变为轻重工业并重。"十五"期间，常州纺织、通用机械、化工及钢铁四个行业的占比超过 10%。这一时期主要发展工程机械、农业机械、车辆机车、集装箱及配件制造业、新型纺织服装业、输变电设备制造业、电子信息、新型材料、生物医药等工业门类。"十一五"期间，通过加大投入，引导工业结构转型升级，提高装备制造业和高新技术产业投入比例，降低轻工、纺织、冶金、建材等传统产业投入比例，努力实现做强做优装备制造业、电子信息、新能源和环保、新材料、生物医药五大重点产业和打造输变电设备、轨道交通设备、工程机械及车辆、新型农业机械、数控机床及基础装备、计算机及通信设备、数字视听及电子元器件、太阳能光伏、高分子材料、生物工程及药品十大产品集群的工业调整目标。到"十二五""十三五"期间,常州工业基本形成以高端装备制造和高新技术产业为主流的现代产业体系。

二、推动民营经济高质量发展

步入新世纪,常州以民营工业为主体的民营经济进入加速发展期。2001年,常州市私营经济总量第一次超过国有经济,民营经济自2003年开始"三分天下有其二"。2003年,常州市相继出台《关于进一步加快发展私营个体经济的实施意见》《关于提升提速发展民营经济的若干意见》《关于进一步创优发展环境的五项规定》等一系列促进民营经济发展壮大的政策措施。2005年,常州市建立民营经济发展联席会议制度,并出台《常州市民营经济发展三年跃升计划》(常发〔2005〕2号),引导民营经济全面高质量发展,至今已连续实施六轮。(《常州市加快民营经济转型提升三年行动计划》部分文件见图1-15)

2021年,国家发展改革委发布《地方支持民企改革发展典型做法》,常州作为江苏唯一榜上有名的地级市,有9条典型做法入选。同时作为推广城市,常州入选全国民营经济示范城市首批创建城市。此次推广的9条经验都与优化营商环

图1-15 《常州市加快民营经济转型提升三年行动计划》部分文件

境有关。一是保护合法权益，创新设立全国首家地级市区域知识产权保护中心；二是促进健康发展，实施企业家队伍建设"百千万工程"；三是支持民营企业建设高质量高标准新型研发机构；四是破解融资难题，开展首贷攻坚行动，推动主要银行机构扩大首贷服务覆盖面；五是引导改革创新，开展"科技长征"推动产学研合作；六是开展政策性贷款，成立普惠金融服务中心；七是出台《常州市民营企业融资会诊帮扶机制实施意见》，积极防范和化解涉企金融风险；八是设立非公经济法制护航中心；九是出台《企业家参与涉企政策制定实施办法》，刚性落实企业家参与涉企政策制定制度。其中前三条是常州首创、全国独创。

知天下者善谋大势，决胜负者长于布局。常州立足自身实际，超前谋划，牢牢把握民营经济发展机遇，趁势而上，取得了显著的成绩。

——民营经济总量不断扩大，整体实力稳步增强。在良好的政策环境和社会氛围中，常州市民营企业创业发展的步伐明显加快，总量规模逐年攀升，增长速度持续加快。2021年，全市实现民营经济增加值5 826.2亿元，按不变价格计算，较上年增长10.4%，高于全市地区生产总值（地区GDP）增速1.3个百分点。民营经济增加值占全市GDP的比例达66.1%，同比提高0.8个百分点。民营经济对全市经济增长的贡献率达74.1%，同比提高6.4个百分点。

——民营主体不断壮大，税收贡献日益突出。2021年，全市民营经济市场主体达71.3万户，注册资本(金)1.5万亿元，分别同比增长9.4%和13.0%。民营经济占市场主体总量的比例达96.7%，继续保持常州市市场经济的主力军地位。2021年，全市民营经济（含个体）实现税收收入814.68亿元，同比增长13.6%；占全市税收收入的比例为77.6%，比上年增长1.7个百分点。

——民间投入增势强劲，工业生产增势喜人。近年来，常州市民间投资的实力明显增强，投资领域大大拓宽，并持续以高于国有投资的速度迅速扩张，投资规模逐渐超过国有投资，日益成为全社会投资需求的重要组成部分。2021年，民营规模以上工业总产值较上年增长32.8%，高于全部规模以上工业增速8.0个百分点，拉动规模以上工业产值增长

22.2%，对规模以上工业产值增长贡献率达89.4%；占全部规模以上工业总产值的比例为72.0%，较上年提升1.6个百分点（图1-16）。

图1-16 部分年份规模以上民营工业总产值及占比

——民营集团迅速崛起，国际化步伐明显加快。2021年，全市17家大企业（大集团）中民营企业占了13家。全市民营企业进出口额1 608.3亿元，同比增长27.3%，增速高于全市平均水平2.4个百分点。

纵观百年变迁，常州工业史不仅是一部中小城市经济演变史，而且是一部常州人"勇争一流、耻为二手"的奋斗史，还是原始手工业历经低端制造向高端智造不断跃升的发展史。以史为鉴，方能开拓未来。致敬工业百年，仰止智造龙

图 1-17 位于中车戚墅堰机车有限公司的常州大运河工业遗产展览馆

城(图 1-17),在现代化的新征程中,常州必将跑出新的加速度,向着更高、更强的目标迈进!

第二章
产业强市——常州智造的立足点

常州是长三角地区重要的现代制造业基地,产业基础雄厚,特色明显。进入新时代,常州始终将先进制造业作为立市之基,始终秉承产业强市发展理念,全力推动工业经济实现规模化、高端化、数字化、智能化、绿色化发展。常州,这座昔日的江南工业重镇,正在全力奔跑,以"国际化智造名城"和"长三角产业中轴"的崭新姿态加速崛起。

第一节　常州产业发展成就斐然

一、工业发展基础扎实

常州工业门类齐全，配套能力一流。对照国家标准划分的工业经济门类和行业，常州市绝大多数均有涉足。工业41个大类常州有33个，207个中类常州有189个，666个小类常州有598个。常州工业实力强劲。伴随着"一带一路"、长江经济带、长三角一体化发展等国家战略深入实施，常州诸多产业发展步入快车道。智能制造产业集群入选全国首批战略性新兴产业集群；轨道交通、智能电网等产业全国领先；新能源汽车及汽车零部件产业发展迅猛；石墨烯、碳纤维等产业跻身国际前沿。

二、总量规模再创新高

2021年，常州市实现工业开票销售收入1.7万亿元，同比增长27.1%；规模以上工业实现工业增加值同比增长13.6%，增幅居苏南第二位、全省第四位；实现利润总额856.6亿元，同比增长22.6%。从所有制结构看，民营企业规模以上工业实现产值9 584.6亿元，占全部规模以上工业总量的72%，三资企业规模以上工业实现产值3 189.2亿元，占全部规模以上工业总量的24%；从企业规模看，规模以上中小工业实现产值8 725.5亿元，占全部规模以上工业总量的65.6%。

三、优质龙头持续扩容

大企业（集团）是地区经济实力的重要标志之一。长期以来，工业大企业（集团）为常州市工业经济提供了有力支撑，是集群建设的领头羊。常州市十分重视大企业（集团）培育，建立了企业储备库。在市级层面专门制定政策，对营收首超1 000亿元、500亿元和100亿元的企业分别给予奖励，对新入选"世界500强""中国企业500强""中国制造业企业500强"的制造业企业给予奖励。同时设立市场化并购基金，支持企业通过并购重组做大做强，在更高水平上推进资源优化配置，培育一批具备产业链整合力、生态主导力的领航企业。

目前，常州共有营业收入超百亿元的工业企业（集团）17家，总数位居全省第四位。其中，全市超1 000亿元的企业（集团）1家（图2-1），500亿～1 000亿元的企业（集团）

图2-1　中天钢铁集团有限公司全封闭式料场

1家，200亿~500亿元的企业（集团）7家，100亿~200亿元的企业（集团）8家；17家超百亿工业企业（集团）2021年完成营业收入5 419亿元，占规模以上工业企业营业收入的38.2%；完成入库税收87.5亿元，占工业税收的20.4%。

四、转型升级加速领跑

正是得益于深耕工业、产业强市的扎实努力，常州的城市竞争力不断增强。老工业基地调整改造、国家"双创"基地建设等取得一定成效。常州入选全国首批、全省唯一的国家产教融合试点城市。在赛迪顾问发布的2021中国先进制造业城市榜单上，常州位列先进制造业城市第十六位，排名比上年再升一位。常州成功入选2021年度全国工业稳增长和转型升级成效明显市。目前，国家制造业单项冠军数、工业大奖数均居全国同类城市第一位。"十三五"期间，常州地区生产总值一举超越了徐州、唐山、大连、长春、沈阳、石家庄和哈尔滨等7座城市。2021年，常州地区生产总值达8 807.6亿元，实际增长9.1%，增速位居苏南第二位，是江苏唯一连续5年增速位列第一方阵的设区市。按目前的增长势头，常州将成为步入地区生产总值"万亿俱乐部"的第一候选市。

第二节　先进制造业集群群雄并起

以高端装备、新能源汽车及汽车核心零部件、高端精品钢、新材料、新一代电子信息为代表的一大批先进制造业集群，已经成为常州产业的亮丽名片。其中高端装备制造业处于领先地位，占工业经济的比例达52.6%。

一、新型碳材料产业集群入选国家队

新型碳材料是新材料领域皇冠上的明珠，是我国制造业高端化突破不可或缺的关键材料，被视为未来高新技术产业竞争的战略制高点。常州着力打造"东方碳谷"，经过10余年的发展，新型碳材料产业影响力在多个方面达到国际领先水平。

起步最早——2008年，常州就在全国率先布局碳纤维和石墨烯产业（图2-2）。历经10多年的发展，产业集群已集聚近2 000家企业。

规模最大——集群总产值约占全国的六分之一，石墨烯产业规模位列全国第一位，高端碳纤维制备规模位列全国第一

图2-2 常州石墨烯小镇

位，碳纤维复合织物市场占有率位列全国第一位。

技术最优——在全球率先突破了石墨烯规模化制备的技术难题，并形成了14项全球首创成果；中简科技自主研发的T700级碳纤维制造设备，在全国率先实现规模化生产和应用；先诺新材建成全球首套高强高模聚酰亚胺纤维生产装置，填补了产业链空白。

实力最强——国家石墨烯产业基地和行业标准工作机构落户常州，"全国石墨烯看江苏，江苏石墨烯看常州"成为业内共识。集群22家企业在主板上市，上市企业全国最多。

习近平总书记2014年在江苏调研时，专门听取了常州石墨烯和碳纤维制备及应用情况汇报，并给予充分肯定。2020年7月14日，工信部公布了2020年先进制造业集群招标评标结果，江苏省共入围3家。其中，常州新型碳材料先进制造业集群以第一序位中标"非金属材料"分包。2021年1月，工信部组织开展了先进制造业集群决赛，常州市新型碳材料集群最终通过专家答辩，获得决赛优胜，是全国25个优胜集群之一，跻身"国家队"行列。

二、三大国家新型工业化基地

常州经济开发区轨道交通装备产业基地、武进高新区新型电子元器件产业基地、溧阳高新区新能源电力装备产业基地先后入选工信部公布的国家新型工业化产业示范基地。同时，在最新评选出的省级新型工业化产业基地中，常州市天宁区工业互联网产业基地成功入围。目前，全市拥有国家级示范基地3家，省级产业示范基地6家。新型工业化产业示范基地成为全市制造业集聚发展的重要载体和产业强市的支撑力量。

——常州经济开发区轨道交通装备产业基地。该基地已集聚轨道交通企业200余家，生产品种2 500多个，逐步形成了"设计环节有集聚、制造环节有龙头、研发环节有影响、配套环节有支撑"的较为完整的产业链，2020年被评为"五星级国家新型工业化产业示范基地"。2021年，基地实现工业总产值595.71亿元，同比增长13.27%；其中主导产业工业总产值达460.34亿元，同比增长12.47%；固定资产投资163.74亿元，同比增长10.78%。全年共实现进出口总额236.55亿元，同比增长11.49%。

——武进高新区新型电子元器件产业基地。该基地以瑞声科技、光宝光电等一批龙头企业为代表，重点打造电声器件、高端连接器、计算机外设、光电管及芯片等主要产品。近年来，集成电路产业快速集聚，引进了西安电子科技大学化合物半导体国家工程中心分中心、承芯高端化合物半导体、移远通信、宝仁5G光器件、太阳诱电超薄多层陶瓷电容器等一大批高质量项目。2021年基地总产值达到270亿元。

——溧阳高新区新能源电力装备产业基地。目前该基地已形成以江苏时代新能源、上上电缆、华鹏变压器、安靠智能、时创能源为龙头引领，涵盖新能源发电装备、智能电网、动力电池及储能等产业上下游领域的产业集群，集聚了近50家规模以上企业，4家国家级"专精特新""小巨人"企业。2021年基地主导产业销售收入达到850亿元，已建立国家级研发平台6家，省级研发机构29家，规模以上企业有效发明专利数615件。

三、十大先进制造业产业集群

2020年，市委、市政府提出加快发展十大先进制造业产业集群。经过两年培育，目前集群规模已达1.2万亿元左右。2021年，十大先进制造业产业集群产值占工业经济规模的比例达70%，规模以上企业总数超3 000家。

（一）高端装备

高端装备产业是常州制造业的支柱产业，链条长、规模大、水平高，并且呈现出市场份额提升、经营效益改善、核心技术突破、智能升级加快的趋势。2021年集群规模约4 000亿元，主要包括智能制造装备、新型电力装备、轨道交通装备、工程机械装备、农机装备、航空装备、新能源装备、节能环保装备等。

——智能制造装备。常州智能制造装备主要集中在关键基础零部件、智能化高端装备、重大集成智能装备及智能测控装置等环节，涵盖工业机器人、高端数控机床、智能成套设备等多个环节。在关键基础零部件环节，拥有恒立液压、国茂减速机、南方轴承、纳博特斯克（中国）、博世力士乐（常州）等国内外知名企业，形成了产品种类繁多、门类齐全的关键零部件产业集群。在智能化高端装备环节，拥有埃马克（中国）、安川电机、快克锡焊、金石机器人、同方威视等明星企业，在技术与产品创新方面展现出诸多亮点。在重大集成智能装备环节，拥有宝菱重工、汤姆包装、沃尔夫机械、卓郎纺织、五洋纺机、卡尔迈耶等企业，在智能纺织成套装备、建材制造成套装备、冶金智能成套装备领域优势突出。

—— 新型电力装备。常州是国内输变电产业最为发达的地区之一，享有"世界变压器之都"的称誉。常州具备从高低压变压器、大容量电缆到高低压电力开关等完整的产业链，拥有西电常变、华朋集团、上上电缆、博瑞电力、安靠智能、太平洋电力、英中电气等一批龙头骨干企业。变压器产品结构涵盖大中小各式型号，产量约占全国产量的9%，市场占有率居国内之首。上上电缆在全球绝缘线缆企业规模排名中位居前十位，在中国位居第一位。安靠智能是目前国内唯一同时掌握两个地下输电技术［电缆输电、气体绝缘金属封闭输电线路（GIL）输电］的国家级高新技术企业，在地下输电的装备制造和工程施工方面创造了多项国内及世界第一。公司研发的500 kV电缆连接件打破了国外长期垄断，现有系列产品完全实现进口替代。常州西电生产的变压器产品涵盖全类别交流、换流和特种变压器，并在国内特高压市场占据80%的份额，年生产能力达到100 000 MVA（图2-3）。

图 2-3 常州西电变压器有限责任公司生产的特高压换流变压器

—— 轨道交通装备。常州是科技部批准的"火炬计划轨道交通车辆及部件特色产业基地"和工信部认定的"国家级新型工业化产业示范基地",是目前国内规模最大、水平最高、技术最先进的内燃机车生产基地,拥有中车戚机公司、中车戚研所、新誉集团(图2-4)、今创集团等一批龙头骨干企业,产品在轨道交通产业多个领域具有独创性专利、技术,处于同行业国内领先水平。其中,中车戚墅堰所齿轮传动系统、新誉集团牵引供电系统和无人驾驶系统、今创自动屏蔽门系统处于国际领先水平。目前,轨道交通车辆牵引控制、制动、网络、电机、齿轮箱、车钩缓冲系统、变压器、减振降噪、碳纤维车体、辅助供电、风挡、门系统、空调、内饰等全部关键核心及配套部件一应俱全。其中,齿轮箱市场占有率近90%,

制动系统占比50%，车钩缓冲系统占比55%，牵引系统占比40%，门系统占比35%，内饰占比85%，减振系统占比50%，碳纤维车体占比90%，输变电系统占比95%，关键部件和系统综合市场竞争力排名全国第一位。

图2-4　新誉集团牵引变流器产品总装线

——农机和工程机械装备。常州农业装备制造历史悠久，具有较好的产业基础和较高的知名度，是全国农机零配件的重要生产基地。常州具备较完整的产业链，拥有常发农装、常柴股份、东风农机和正昌集团等一批龙头骨干企业。农业机械产品约占全国销量的六分之一，其中单缸柴油机国内市场占有率排名第一位，200马力（1马力≈735瓦）以上大型拖拉机产量国内排名第一位，25～40马力轮式拖拉机国内市场占有率排名第二位，各类粮食饲料加工设备市场占有率稳居前三位。常州也是国内最重要的工程机械研发和生产基地之一，拥有国机常林、柳工（常州）、小松（常州）、江苏现代等一批整机制造企业以及恒立油缸等一批配套企业。产品品类齐全，大中吨位挖掘机销量全国排名第一位，平地机销量全国排名第三位，装载机和压路机销量在全国名列前茅。

（二）新能源汽车及汽车核心零部件

近年来，常州先后引进了一批新能源整车和核心零部件生产企业，加上原有优势汽车零部件企业成长壮大，使得常州市成为省内重要的新能源汽车及零部件产业集聚区。2021年全市新能源汽车产业规模超1 300亿元，位居全省第二位，其中新能源汽车整车产量位居全省第一位，约占全省总产量的36%。常州目前拥有理想汽车（图2-5）、比亚迪汽车常州分公司等6家整车生产企业，8家专用车生产企业。汽车产

图2-5 10 000辆理想ONE从理想汽车常州制造基地下线

业配套体系较为完整，上下游零部件产品门类齐全，已覆盖发动机、传动系、制动系、转向系、电气仪表系、灯具、汽车车身、汽车内（外）饰件及电动工具等10多个系列，形成了较为完善的产业链。星宇车灯连续九年成为国内第二汽车灯具设计方案提供商。龙城精锻是全球最大的汽车发电机精锻爪极供应商。新能源汽车动力电池产业从"无中生有"到"有中变优"，已拥有动力锂电池电芯及配套生产企业近40家，已建和在建总产能占全省总产能的近三分之一，年度国内市场产销量居全省第一位。常州已成为国内动力电池产能大、产业链完整、技术水平一流的集聚发展区。常州培育发展了UL常州动力电池检测实验室、国创能源检测技术（中国）有限公司、南德新能源汽车检测（江苏）有限公司、中汽研（常州）汽车工程研究院等一批公共服务平台，进一步提升了常州在国内汽车检测认

证领域的优势地位和集聚效应。

（三）绿色精品钢

近年来，常州市精品钢集群企业围绕"绿色化、精品化、智能化"，不断调整产品结构，高附加值产品比例明显增加，发展水平跃上了新的台阶。2021年集群规模超1 800亿元。中天钢铁聚焦智慧、绿色、品牌三大特色，重点打造行业一流的优特钢精品基地，稳步迈进全国钢铁行业第一方阵。集团已形成600万吨优特钢生产规模，产品涵盖高品质、高附加值钢种700余个，多项关键核心技术填补国内外空白，并成为首家荣获中国工业大奖企业奖的民营钢企。2021年，中天钢铁还被认定为国家级企业技术中心。中天钢铁、东方特钢、常宝钢管、武进不锈等企业连续多年被评定为常州工业五星级企业。江苏武进不锈股份有限公司"超超临界火电机组用特种不锈钢管研发和产业化"项目获第五届中国工业大奖提名奖，进入钢铁产品"工艺品"国家队行列。

（四）新能源

常州市以太阳能光伏为主导的新能源产业特色鲜明，2021年集群规模超900亿元。其中，太阳能光伏在全国乃至全球具有重要的地位。常州高新区、金坛、武进三家光伏产业园，产生了良好的集聚效应，拥有天合光能、亿晶光电、天龙光电、亚玛顿、顺风光电等8家本土上市企业。光伏产品涵盖拉晶、切片、电池片封装、组件、逆变器、变压器、系统开发及安装、产品研发测试、光伏设备制造、光伏配套耗材等各个环节,已形成较完整的产业链。2021年天合光能组件出货量全球排名第二位,其中,210组件累计出货量超16 GW,在大尺寸电池组件企业中位列首位。2021年8月天合光能光伏科学与技术国家重点实验室宣布,其自主研发的210 mm×210 mm 高效 PERC(发射极和背面钝化)电池,经国家光伏质检中心(CPVT)第三方测试认证,电池效率可达到23.56%,创造了210大面积产业化P型单晶硅PERC电池量产效率新的世界纪录(图2-6)。

图2-6 天合光能210高效组件生产车间

（五）新材料

以先进碳材料为重点发展方向的新材料作为常州重点打造的战略性新兴产业之一，涵盖石墨烯、碳纤维、高性能纤维及复合材料等领域，2021年集群规模超1200亿元。常州拥有中简科技、宏发纵横、神鹰碳塑、长海复合材料、天常复合材料、天马集团、碳元科技、第六元素和二维碳素等一批龙头骨干企业。石墨烯粉体和薄膜两大基础性材料率先实现规模化量产，居全国石墨烯产业发展前列，先后斩获10项全球第一；二维碳素发布世界首款石墨烯压力传感器；第六元素是目前国内产能规模最大的石墨烯粉体生产企业之一，具备年产100吨石墨烯/300吨氧化石墨烯生产能力；中简科技研发生产的国产ZT7系列碳纤维打破了高等级碳纤维的国际垄断，在国内率先进入航空航天高端复合材料应用领域。集群现有上市、挂牌企业6家，产业研发水平和聚集度均位于国内前列。2022年6月27日，长三角碳纤维及复合材料技术创新中心在常州揭牌，标志着常州市新材料产业链协同创新迈出了新步伐。

（六）新一代电子信息技术

常州电子信息产业产品涉及集成电路、传感器、光通信、卫星通信、新型显示、消费电子等各个方面，初步形成了门类齐全、特色明显、产学研深度融合的产业集群，2021年集群规模约920亿元。目前主要的产业集聚区有中国"国际传感谷"、常州集成电路生态产业园、常州大数据产业园以及正在打造的常州光学产业集聚区等，拥有瑞声科技、裕成电子、宏微科技、光宝科技、晶品光电、信维通信（江苏）等龙头企业。传感器产业拥有森萨塔科技、梅特勒－托利多等行业领军企业；新型显示产业拥有欣盛半导体、苏晶电子、迈纳光电、丰盛光电和强力电子等行业领军企业；电子元器件产业拥有银河电器、星海电子和华威电子等行业领军企业。

（七）生物医药及新型医疗器械

常州是长三角地区重要的医药和医疗器械生产基地，主要涵盖医疗器械、生物药、化学药、化学原料药领域，尤其在医疗器械方面具备较强竞争力和产业知名度，拥有一批龙头骨干企业和技术领先创新平台，2021年集群规模超400亿元。目前已初步形成"北药南械"双轮驱动、集聚发展的产业布局，北部重点建设以高端药品生产为主的常州生命健康产业园，获评国家生物医药产业园综合竞争力20强；南部重点建设以创新医疗器械生产为主的常州西太湖科技产业园，2021年获科技部医疗器械国际创新园考评第一名。全市拥有企业600家以上，其中规模以上企业201家，高新技术企业189家，上市企业3家；拥有以常州四药、千红制药、方圆制药、合全药业为代表的一批生物医药龙头骨干企业和康辉医疗、创生医疗、钱璟康复等一批高性能医疗器械、康复器材等行业重点企业。医疗器械产品覆盖43类医疗器械中的31个大类，特别在外科植入物、高分子医用耗材、卫生材料、手术器械、大型医疗设备和诊断试剂等六大板块形成了一定规模。骨科器械产业规模全国前三，全球前五大骨科企业 3 家布局常州，以天衍、康辉等为代表的骨科植入物国内市场份额超 30%；以久虹、康迪为代表的外科手术器具国内市场份额超 30%，全国超 60% 的吻合器产自常州；常州市是全国首批、全省唯一的国家康复辅助器具产业综合试点城市，钱璟康复智能步态运动康复机器人系列产品市场占有率居全国第一位。

（八）高端纺织服装

常州纺织产业历史悠久、基础雄厚，拥有天宁、金坛、武进等多个纺织服装产业集聚高地。天宁区被授予"江苏纺织服装产业基地"称号，武进区荣获"江苏省面料出口基地"称号，武进区湖塘镇荣获"全国制造名镇"和"江苏省百亿特色名镇"称号。常州拥有完整的纺织服装产业链，从原料加工、原辅材料供应延伸到成衣制作，已形成了化纤、纺纱、制线、织布、印染、成衣、缝制设备研发及生产等一体化的较为完整的产业链体系。纺织服装行业中核心竞争力强的龙头企业已成为国内、国际同行业的标杆，骨干企业多为"专精特新"细分市场隐形冠军和行业小巨人。华利达是全国服装行业双百强企业；晨风是中国服装出口百强企业；金晟集团的纺纱机械、同和纺机的罗拉、纺兴精密的喷丝板均享誉海内外，在业内一枝独秀；找纱网、衣映科技是纺织服装工业互联网的排头兵。2021 年集群规模约为 550 亿元。

（九）新型建筑材料

常州市新型建筑材料集群主要包括高品质水泥及制品、玻璃纤维复合材料、新型墙体材料、新型装饰装修材料、保温绝热和防水材料等，2021年集群规模约320亿元。目前，全市共有通过工信部建材行业规范公告企业7家，江苏金峰水泥集团有限公司入选2020年中国民营企业500强。2011年9月，住建部致函江苏省住建厅在武进设立全国唯一的"绿色建筑产业集聚示范区"，探索绿色建筑推广先行和产业发展的新模式，并列入部省共建的合作园区。2020年，省政府发布《关于推进绿色产业发展的意见》，明确提出将常州绿建区打造成为长三角建筑科技创新中心。同年，工信部授牌武进绿建区设立中欧（常州）绿色创新园，核心区约3 km^2，大力培育以建筑设计、检验检测、智慧城市、低碳服务等为重点的现代服务业和以绿色建材、智能装备为重点的智能制造业，全面打造绿色建筑特色产业品牌。

（十）节能环保

常州节能环保产业已形成一个示范区和三个产业园区；拥有光伏企业140余家，主要分布在新北区、金坛区和武进高新区三个重点产业集聚区。全市拥有5家新能源整车制造企业，形成了较为完整的产业制造与创新体系。常州动力电池产业综合竞争力位居全国第一位，已建和在建产能超260 GW·h。在新型碳材料方面，拥有石墨烯、碳纤维复合材料产业和碳基高分子材料产业。在氢能方面，具备氢能产业所需要的装备制造能力和工业副氢的供应能力。

常州持续打造绿色制造先进典型，引领相关领域工业绿色转型，有效促进制造业高质量发展。常州国家高新区、江苏省中关村高新技术产业开发区被评为国家级绿色园区。格力博（江苏）股份有限公司、中盐金坛盐化有限责任公司、常州旭荣针织印染有限公司被评为国家级绿色工厂。晨风集团、江苏南方通信科技有限公司获评国家级绿色供应链管理示范企业等荣誉称号。

常州产业转型成效显著，产业结构持续优化，节能降耗水平显著提升，资源集约利用水平稳步提高，污染防治成效显著。

第三节　产业集群培育的常州探索

常州市制造业集群之所以能蓬勃发展，既得益于常州得天独厚的工业基础，更离不开常州人多年来的精心浇灌和培育。常州在壮大产业集群发展、促进转型升级方面做出了很多有益的探索。

一、重规划，为集群发展绘蓝图

2017年，常州市印发《推进中国制造2025苏南城市群试点示范建设三年实施方案》，提出把常州市建设成为全国一流的智能制造名城，聚焦智能装备、新材料、新一代信息技术、新能源、生物医药及高性能医疗器械等五大重点领域20个细分行业，统筹综合发展。同年，常州市出台《传统优势产业转型升级"双百"行动计划》，提出以特色产业基地、新型工业园区为依托，强化区域内产业分工协作、优势互补，改造提升传统优势产业，加快发展以智能装备、先进碳材料等为重点的先进制造业。2019年1月，常州《关于塑造高质量工业明星城市的实施意见》提出，建设辐射带动强劲的产业迭代体系，发展壮大2个两千亿元级、5个千亿元级、3个500亿元级产业集群，把智能装备制造和以石墨烯为代表的先进碳材料两大产业打造成全国领先的产业地标。2020年，《常州市工业智造明星城建设三年行动计划》提出，加快培育新型产业集群，加快传统产业集群转型升级，重点培育高端装备、汽车及核心零部件（含新能源汽车）、新一代信息技术、新材料、新能源等十大先进制造业集群。一以贯之、持续注力的产业发展规划为常州集群培育发展提出了明确的发展方向。

二、重机制，为集群发展聚合力

1. 建立市领导挂钩优势产业链工作机制

2021年，常州市建立市领导挂钩联系优势产业链工作机制，聚焦特钢材料、大数据等23条优势产业链目录，聚力打好产业基础高级化、产业链现代化攻坚战。强化部门联动，推动资源集聚，着力从关键领域、关键环节、关键产品增强产业链的稳定性、安全性和竞争力。建立"七个一"工作机制，每条产业链制订一个推进工作方案、建立一个服务团队、培育一批龙头骨干企业、建设一批重点项目、培育一批服务（创新）平台、建立一个招商指导目录以及建立一张核心技术短板长板动态表。围绕摸清产业链发展现状、培育重点企业、解构产业链节点特征、推进"卡脖子"技术攻关、协调处理重大事项等五项重点工作，确保工作机制推进到位、取得成效。此外，常州市还设立了集成电路产业发展办公室，抢抓集成电路等新兴产业集群发展机遇。目前，集成电路、工业机器人、工业和能源互联网、碳复合材料、5G通信等八大高成长性产业链发展均步入快车道。

2. 企业大走访机制

2021年，市委、市政府结合党史学习教育"我为群众办实事"实践活动，开展"深入企业大走访 服务高质量发展"活动，由所有市级领导干部带头深入企业开展大走访，为企业提信心、解难题、促发展。市工信局连续10年开展"送政策 强信心 解难题 开新局"大走访大服务活动，共走访各类重点企业10 000多家（次），宣传引导企业把促进工业经济健康稳定增长的政策用足、用活、用到位；同时，调查了解企业生产经营状况、主要困难、发展瓶颈和痛点，急企业之所急，想企业之所想，解企业之所难，以实际行动提振企业发展信心，督促指导企业统筹做好疫情防控和安全生产各项工作，促进全市工业经济健康快速优质发展。

3. 200个工业经济新增长点培育机制

每年聚焦十大先进制造业集群，对全市年新增产值达5 000万元的各类工业经济新增长点项目进行调查，建立工业经济新增长点数据库，并进行动态调整。对工业经济新增长点加强跟踪协调服务，及时协调解决新增长点企业发展运营存在的矛盾问题，加快产出进度，以增量发展带动存量调整，以优质项目带动提速升级。2021年，全市工业经济新增长点企业完成产值5 025.6亿元，同比增长40.8%，增幅高于规模以上工业产值增幅16个百分点，占全市规模以上工业产值的37.8%；新增产值1 402.0亿元，占全市规模以上工业新增产值的53.0%，对全市工业经济平稳发展支撑作用强劲。

三、重招商，为集群发展引活水

为推动产业集群高质量发展，常州市大力对外宣传独特的区位优势、营商环境、产业生态和创新政策。精心编制产业布局地图、产业空间地图、产业招商地图、产业人才地图"四图合一"的常州市产业地图，并向全球发布，全力招引项目投资，打造新时代对外开放新高地。同时在操作层面探索出了"四化"的招商新模式。

1. 招商方向精准化

围绕常州市产业集群特色和未来发展方向，紧盯世界500强、民营企业500强、央企和上市公司，全力突破一批投资规模大、产业层次高、创新能力强、扩张和带动潜力足的龙头型、基地型项目。

2. 招商路径多元化

开展"产业链招商"，依托龙头企业招引上下游企业，形成项目抱团、产业聚集的发展态势。发挥常州市民营企业众多、产业基础雄厚的优势，做到"以民引外"。开展"以外招外"，促进外资企业再投资，并通过他们的朋友圈、客户群续引更多企业和项目。强化"驻点招商"，突出德国、日本、韩国、欧盟各国等重点国家，突出香港、澳门、台湾等重点地区，突出长三角、珠三角等重点省市，特别是发挥上海、深圳等城市资源多、信息多的优势，深耕拓展客商资源，带动项目落户。

3. 招商方式创新化

打破疫情阻隔，充分依托"云招商"模式招引、推进重大外资项目，设立"云招商"主、分会场，分别由市领导、区领导与外资企业总部高层召开视频会议推进重大外资项目；省级开发区设立"云招商"视频会议室，招商干部常态化、高频次地与外商进行视频互动。此外，开设了"投资常州 Invest Changzhou"抖音公众号，用 14 种语言推送投资环境介绍和招商活动信息。

4. 招商活动丰富化

举办中国常州科技经贸洽谈会等大型招商活动，促成一大批产业项目签约落户。市四套班子领导分别带队开展名城名校对接活动，中汽研华东分中心等一批产学研合作项目成功签约，为高质量发展注入创新动力。

此外，常州市还全面盘查"常州家底"，梳理整合各类数据超 100 万条，通过"一键搜索"即可查询符合要求的项目用地、上下游配套和用工信息，推动一批重大项目快速落地实施。

蒂森克虏伯集团是德国第五大工业公司，著名的世界500强之一。集团产品范围涉及钢铁、汽车技术、机器制造、工程设计、电梯及贸易等领域。常州高新区与德国蒂森克虏伯公司的缘分始于2012年年初的一封邮件，当时，招商人员收到了蒂森克虏伯集团发给长三角众多开发区的一份项目选址问卷，他们在短短几个小时之后就把一份长达十几页的问卷完成并发给对方的选址团队。这份邮件是所有开发区中回复速度最快、内容最全的，为后来的竞争赢得了一个很好的印象分，最终成功吸引该企业在常州市设立第一个项目——蒂森克虏伯发动机系统（常州）有限公司。在签订协议之后，市区相关部门通力合作，在项目审批、申领营业执照、土地招拍挂手续、申领施工许可证等方面给予了快速且专业的服务，进一步坚定了企业选择常州、投资常州的信心。正是鉴于第一个项目良好的合作基础，蒂森克虏伯第二个项目转向系统于2015年顺利在常州签约。一座代表全球转向系统最高生产水平的现代化工厂仅仅一年后就在常州正式投产。这一速度创造了蒂森克虏伯建厂历史上的奇迹。

2016年下半年，蒂森克虏伯集团主动要求把他们与一汽富奥合作的新项目投资到常州市。招商引资的"葡萄串效应"开始显现。2020年5月，蒂森克虏伯全球转向系统制造中心项目新增注册资本约5 200万欧元，主要用于生产新电子助力转向系统和关键汽车零部件。这是集团近6年来在常州高新区的第五次投资，累计总投资约4.2亿美元。常州高新区与德国蒂森克虏伯集团的合作成为近年来常州高质量利用外资、加快产业集群发展的一个生动缩影（图 2-7）。

图 2-7　蒂森克虏伯缸盖罩壳模块总成车间

2019 年，常州市政府与比亚迪汽车有限公司在南京签约，开启全面战略合作。总投资 100 亿元的比亚迪华东新能源乘用车及核心零部件产业园基地项目正式落户常州国家高新区（图 2-8）。为适应新能源汽车产业发展趋势，扩大纯电动乘用车生产能力，比亚迪公司在常州规划建设年产 40 万辆新能源整车及核心零部件产业园，预计达产后年产值超过 500 亿元。常州基地主要生产王朝系列、e 平台系列车型，产品百千米能耗为 17.3~17.9 kW·h，续驶里程 450~600 km。新项目落户常州，有效整合了比亚迪的品牌、技术、市场优势和常

图2-8　比亚迪华东（常州）产业基地奠基仪式

州的产业、人才、区位优势。目前常州比亚迪一期新能源整车生产项目冲压、焊装、涂装、总装四大工艺生产线已贯通，2022年全面投入生产。这一项目成为常州市新能源汽车产业的排头兵。

近5年来，常州招引的总投资30亿元或3亿美元以上重大项目超80个。2021年招引入库超100亿元或10亿美元项目4个，超30亿元或3亿美元项目18个。2021年，全市实际到账外资确认数30.71亿美元，同比增长13%，新增外资项目450个（其中新设项目315个，增资项目135个），新增协议注册外资63.63亿美元，同比增长13.9%。其中新增制造业项目109个，新增协议外资16.91亿美元，占比26.6%。制造业利用外资主要集中于新一代信息技术、汽车及核心零部件、工程机械、新材料、新医药、智能制造装备等重点产业，为常州市产业集群转型升级注入了强大活力。

四、重项目，为集群发展添后劲

常州市连续 8 年开展"重大项目主题年"活动，聚焦重大项目各领域各环节，全面打通"信息环"和"要素链"，在项目建设中形成了一套完善高效的工作机制。

1. 强化资源高效利用

高度重视存量用地挖潜。2021 年，全市国有建设用地供应存量比保持在 80% 以上，盘活利用存量建设用地 2.72 万亩，消化利用批而未供土地 2.65 万亩，在全省率先完成批而未供土地处置任务，为重大项目腾出更多承载空间。

2. 强化政策激励

制定出台重大项目"政策礼包"，重大项目基础设施配套费实行"先缴后奖"。连续多年设立市级专项，对列入市重大项目库或设备投入超亿元项目给予不超过设备投入 12% 的奖励，最高可达 1 000 万元，撬动企业加大投入，推动技改升级。2021 年，全市共支持 49 个重大项目，设备投入奖励资金 2.75 亿元，撬动设备投入 41 亿元，总投资规模达 242 亿元，其中智能制造装备等五大战略性新兴产业项目占比达 68%。全市工业投资同比增长 21.1%，高于省平均水平 9 个百分点，增速居全省第三位、苏南第二位；其中工业技改投资同比增长 12.6%，增速居苏南第一位，工业高质量发展后劲十分强劲。

3. 引导本土企业扩产

坚持"选好选优、培优培强",主动为优质企业预留发展用地。星宇车灯、天合光能等一大批本土企业连续多年实施重大项目,持续追加投资扩产扩能。恒立液压10年间接连投资重大项目11个,吸引柳工、玉柴等7个上下游项目落户。

4. 强化重大项目建设

2021年,全市推进实施省重大项目28个,其中20个新建项目全部开工,产业类项目数量和新开工项目数量均列全省第一位;实施市重大产业项目304个,项目数量、完成投资分别同比增长7%、7.5%,新入库超30亿元或3亿美元项目22个(其中超100亿元或10亿美元项目4个)。另外,全市共有43个项目入选省工信厅重大工业项目清单,项目数列全省第一位,总投资738.7亿元,当年完成投资244.5亿元,超额完成年度投资计划。

5. 重视高端化改造项目

鼓励引导企业加快装备升级。2021年获得省高端化改造升级项目5个,数量列全省第一位;获得省战略性新兴产业专项7个,专项资金补助额度连续多年位居全省第一位。

五、重上市,为集群发展提能级

近年来,常州深入实施上市企业倍增计划、上市后备企业"双百行动计划",为企业发展注入新动能。

1. 强化上市梯队建设

根据上海、深圳、北京三大交易所的市场定位和准入要求，以行业龙头企业、领军人才企业、"专精特新"企业为重点，打造一支数量众多、特色鲜明、结构合理的上市后备企业队伍，并按"股改一批、辅导一批、申报一批"的工作节奏梯次推进，滚动发展。2021年"双百行动计划"上市后备企业共302家，其中重点上市后备企业158家，一般上市后备企业144家。重点上市后备企业中，已上市企业9家，目前过会3家，在交易所候审企业8家，在证监局辅导备案企业37家，即将辅导企业15家。

2. 完善上市工作机制

优化市区两级双百企业培育机制，强化部门协同，完善股改上市工作网络体系，定期与三大交易所及江苏证监局合作举办相关交流培训活动，畅通沟通渠道，借助权威机构力量为企业答疑解惑，提升股改上市服务的针对性和时效性。抢抓政策机遇。牢牢把握北交所与常州对接交流的机会，及时掌握北交所最新政策动态，推动创新型、成长型中小企业准确把握北交所功能定位，用好服务企业上市绿色通道，借助资本市场改革东风，加快"专精特新"企业上市步伐。截至2021年年底，全市境内外上市公司累计81家，累计募集资金1 307亿元，新三板挂牌企业95家，累计募集资金57.34亿元，实现了对资本市场主板、科创板、创业板、北交所、新三板创新层和基础层的全板块、全层次覆盖。

3. 优化上市融资效能

2021年,企业首发阵容再创佳绩。全市新增同惠电子等10家上市公司,首发融资合计64.68亿元。上市公司再融资创历史新高。常州市上市公司资本运作热情高涨,2021年已有新城发展、南方通信等2家企业完成再融资,合计13亿元;恒立液压、中简科技等15家上市公司的定增、发债均在推进之中,预计还将募集资金230亿元。

值得一提的是,2022年3月22日,在常州市众志成城抗击疫情的同时,资本市场"常州板块"迎来2022年开门红,上午9点30分,哈焊所华通(常州)焊业股份有限公司以云敲钟的方式在深圳证券交易所创业板正式挂牌上市,成为常州今年首家上市公司。3月25日捷报再传,常州祥明智能动力股份有限公司以云敲钟的方式在深圳证券交易所创业板正式挂牌上市,这是常州第83家上市公司,也是2022年常州市第2家上市的公司。截至目前,全市上市公司达83家,新三板挂牌企业95家,累计融资1339亿元,总市值6245亿元。

第三章
质量兴市——常州智造的主基调

质量是经济社会发展的战略问题，也是工业企业核心竞争力的体现，质量振兴是强国之基、立业之本和转型之要。党和国家高度重视推进制造业质量提升，早在 1996 年就发布了《质量振兴纲要（1996—2010 年）》，2011 年将"质量强国"确定为国家战略。江苏省也先后出台了《省政府关于加快推进质量强省建设的意见》《关于加快推进质量强企建设的实施意见》《江苏省质量提升行动实施方案》等一系列政策文件，不断加强和提升本省质量工作的水平。多年来，常州积极贯彻国家、省质量工作的战略决策和部署，在质量兴市的赛道上创造了优异的成绩。

第一节　质量兴市走在全省前列

为推动质量振兴,常州市先后出台了《常州市进一步深化质量强市工作的决定》《常州市市长质量奖管理办法》《常州市质量强市奖补资金管理暂行办法》等系列文件,着力加强产品质量、服务质量、质量基础等工作。并与江苏省市场监管局签署推进高质量发展合作协议,共创一流营商环境、共育高端质量品牌。在省政府质量工作考核中,常州市连续六年获评最高等级A级,始终处于全省第一方阵。在全国160个公共服务质量监测城市中,常州市位列第四位。中天钢铁、武进不锈分别获第六届中国工业大奖和提名奖,目前,共获4项中国工业大奖和3项提名奖,数量列全国地级市首位。2021年度质量信用等级核定,常州共有13家企业入围,新增总数位列全省第二位。万企有效注册商标企业数1 296家,列全省第一位。强化木地板产业全国知名品牌创建示范区(图3-1)、春秋文化旅游知名品牌创建示范区获评全国知名品牌示范区称号。2019年常州市市场监管局获评全国市场监管系统先进集体。2021年常州市推进质量工作成效明显,首次获得省政府通报表扬。

在创建区域品牌的同时,常州大力实施企业质量品牌提升计划,争创名牌、商标等质量荣誉。截至2021年年底,共有中国驰名商标114个。江苏名牌61个;全国质量标杆单位2家,省级质量标杆单位9家;3家次企业获中国质量奖提名奖,6家企业获江苏省省长质量奖,10家次企业、1名个人获江苏省省长质量奖提名奖;10家企业获得江苏精品认证公告;46家企业、1名个人获常州市市长质量奖,76家次企业、1名个人获常州市市长质量奖提名奖;114家企业获评省质量信用AA级企业,50家企业获评省质量信用AAA级企业,省质量信用AA级及以上企业总数位居全省第一位。

图3-1　2017年获评强化木地板产业全国知名品牌创建示范区

第二节　质量兴市的常州模式

一、树立质量意识，营造质量兴市氛围

通过召开全市质量大会（图 3-2），提高全民质量意识，鼓励各行业和广大企业树立崇尚质量、追求卓越的价值导向，营造质量兴市的浓厚氛围。开展全国"质量月"等群众性质量活动，组织质量知识和法律法规宣传教育，提升质量工作的群众参与监督力度，努力营造公开、公正、平等、有序的质量竞争环境。实现线上线下消费投诉举报网络全覆盖，推动"放心消费在常州"品牌建设，不断提升群众获得感、幸福感和安全感。2020 年常州获消协发布的 100 个城市消费者满意度测评总分第一名。

图 3-2　2021 年常州质量大会

二、提升产业质量，助力智能制造

大力弘扬"品质生活源于常州智造"的城市质量精神，大力弘扬制造文化和工匠文化，致广大而尽精微，以高品质制造推动常州产业扬帆远航。扎实推进产业基础高级化、发展动力高能级，打造质量品牌"主力军"，全面提升质量工作水平。围绕常州市重点先进制造业集群，实施产业链质量提升行动，推进产业链科技创新与质量提升协同发展，培育高质量发展的地标产业，引导常州市高成长性产业链上下游加强标准与质量技术攻关等方面的合作，提高产业质量水平。2021年，常州市工业产品抽检合格率达93.84%。

支持开展新材料、新能源、新医药及生物技术、高端轨道交通装备、智能制造装备和智能电网等产业质量提升行动，指导实施质量攻关、质量比对、质量合格率提升工程。在全省率先成立了工业机器人产业链标准联盟，集结高等院校、科研院所、事业单位、企业等30家成员单位，推动产业高质量协同发展。率先试行全省优化医疗器械审评审批质量体系现场核查工作，加快医疗器械产品上市进程，服务医疗器械产业发展。支持常州西太湖科技产业园区有关健康产业配套平台载体（医疗器械第三方检验检测平台、医疗器械第三方物流平台、动物实验中心等）建设，依托国家药监局医疗器械技术审评中心医疗器械创新江苏服务站，在常州西太湖科技产业园区增设医疗器械创新服务点，面向园区内企业开展创新医疗器械产品审评审批相关视频咨询服务，助推健康产业高质量发展。

三、培育质量标杆，发挥示范引领作用

实施质量品牌"十百千培育计划"，邀请省评审专家上门实行一对一问诊辅导；推进"首席质量官登记备案管理系统"建设；精心规划梳理、动态调整国家、省、市级质量奖培育库，分批分类开展跟踪辅导。2021年，常州市成立全省首个"首席质量官之家"，常州市各级首席质量官培训1 500余人，其中省级高级培训680人。常州市着力在创新引领、标准领跑、质量领先、品牌领军上下功夫，大力集聚创新人才、高技能人才，充分发挥首席质量官和企业计量执行官的作用，形成一批高附加值、高质量的质量标杆。

江苏上上电缆集团有限公司成立于1967年，规模排名全球第七位、中国第一位。在首届中国线缆行业最具竞争力企业评选中排名第一位。上上电缆以"人诚品优，开拓创新"为核心价值观，坚持"质量兴厂"，连续25年贯彻ISO 9001并导入九大管理体系，连续17年推行卓越绩效管理，构建了科学高效的质量管理模式（以"四个人人"为核心的全员质量绩效管理模式），连续获得第二、第三、第四届中国质量奖提名奖（图3-3），成为全国质量标杆。

中车戚墅堰机车车辆工艺研究所有限公司（图3-4）始建于1959年，是中国中车股份有限公司下属核心企业，也是

国家技术创新示范企业。2021年其创新提出的"运用'1234'精益管理模式打造世界一流高铁核心零部件品牌的最佳实践"荣膺"全国质量标杆"。

图3-3 江苏上上电缆集团有限公司连续三届获中国质量奖提名奖

图 3-4　中车戚墅堰机车车辆工艺研究所齿轮箱组装车间

四、强化质量基础，加强计量标准化工作

加强计量工作。建立强制检定信息联动监管机制，推进全市工业标杆企业全面实施计量执行官制度。加强量值传递和溯源能力建设，全市共有市级最高社会公用计量标准 160 项。

大力实施标准化战略。支持企业主导和参与各级标准的制定、修订，制定实施智能制造研发及产业化联盟（团体）标准。2021 年，新增完成主导和参与研制国际标准 5 项、国家标准 40 项、行业标准 14 项；完成国家级标准化试点 7 项，江苏省标准化试点 40 项。

今创集团股份有限公司创立于 1988 年，主要从事轨道交通车辆配套产品的研发、生产、销售及服务,致力于为全球轨道交通提供一站式配套解决方案(图3-5)。2013年创建省AAAA标准化良好行为企业,2014年承担1项省级标准化试点项目。2018—2022年参与"江苏戚墅堰轨道交通产业园高端装备制造业(轨道交通装备)"国家级标准化试点项目。主持制定《冷链物流用蓄冷超导箱式转运设备技术条件》(JB/T12908—2016)行业标准,参与制定《城市轨道交通车辆客室座椅技术规范》团体标准。

图3-5 今创集团城轨列车内装产品

江苏凯达重工股份有限公司是国家"专精特新""小巨人"企业、中国绿色铸造企业，获得江苏省名牌产品、江苏省著名商标。公司大力推进标准化战略，主持起草了《热轧型钢轧辊行业标准》，产品畅销国内外100多家大中型钢铁企业，外销占比30%左右；生产规模在全国同行业名列前茅，成为行业内知名的热轧型钢轧辊制造企业（图3-6）。

图3-6　凯达重工型钢精轧辊（用于小型异型钢精轧机架）

常州还注重建设国家、省技术标准创新基地。2021年3月，江苏省轨道交通装备技术标准创新基地启动会在常州经济开发区召开，基地由中车戚墅堰机车有限公司和今创集团股份有限公司承建，是全省首批技术标准创新基地之一。基地建设将有力推动轨道交通装备新技术开发，提升装备市场化、产业化、国际化水平，促进中国标准"走出去"，为常州市轨道交通产业高质量发展再添新动能。

常州检验检测认证产业园获批筹建江苏省技术标准创新基地，成为全省唯一筹建技术标准创新基地的产业园。在常州检验检测认证产业园、常州经济开发区轨道交通产业园分别设立"一站式"质量基础设施服务窗口。常州检验检测标准认证研究院"一站式"质量服务窗口获批全省首批质量基础设施"一站式"服务试点项目。

五、完善质量保证，强化企业管理体系

抢抓质量管理数字化转型机遇，大力开展质量管理数字化转型服务，引导企业通过质量管理数字化转型提升核心竞争力。组织"质量管理进企业"服务活动，加强《企业现场管理准则》（GB/T29590—2013）的宣传贯彻培训，宣传分享经典案例。持续加强全面质量管理（TQM）普及教育，加大卓越绩效、精益管理等先进管理模式的推进力度，组织开展品牌培育、质量标杆、卓越绩效模式、精益管理等系列培训。组织企业参加全国性TQM知识竞赛，全市累计参加全面质量管理知识普及教育的质量管理相关人员超过3 000人次，参加TQM知识竞赛的企业员工万余人次。提供免费质量体系建设培训和咨询服务，在抗击新冠肺炎疫情取得阶段性成效后，及时组织专家深入多家现场开展质量政策咨询、现场管理提升辅导等公益活动，助力企业抗击疫情、复工复产。不断深化质量管理小组活动（QC小组活动），每年邀请国内知名专家为市内QC小组活动专家和骨干进行培训、讲学，开

展"线上线下"QC 小组成果发布活动。常州市 QC 小组活动水平始终处在全省前列。4 年来，参加人数超过 400 余人，全市共有 6 个小组荣获"全国优秀质量管理小组"称号，72 个小组荣获"省优秀质量管理小组"称号，中车戚墅堰机车车辆有限公司、新阳科技集团有限公司双双获得"全面质量管理推进 40 周年杰出推进单位"荣誉称号。

推动企业质量信得过班组建设，深入重点企业宣讲《质量信得过班组建设管理办法》。全市共推荐 43 个质量信得过班组建设典型经验，其中 30 个被推荐为省质量信得过班组建设典型经验，3 个被推荐为全国质量信得过班组建设典型经验。

六、突出品牌创建，扩大产品营销

大力实施品牌提升行动，扩大常州品牌影响力，积极推动品牌建设标准、评价和推广体系应用，鼓励企业围绕研发创新、设计创意、生产制造、质量管理和营销服务全过程制定品牌发展战略。持续推进"品质工程"创建，进一步打响"常州智造"品牌。

建立健全品牌培育机制，鼓励和引导企业争创各级政府质量奖和"江苏精品"认证，优化调整"江苏精品"培育名单，实施分类培育、梯度培育、精准培育。2021 年中天钢铁集团有限公司等 5 家企业的 6 个产品（服务）获得第二批"江苏精品"认证公告，累计有 10 家企业获得"江苏精品"认证，总数位居全省前列。

持续推进一企一标、一社一标工程，提高市场主体特别是创新型企业、规模以上工业企业注册商标拥有率。做大做强消费品牌。加快打造长三角重要区域消费中心城市，积极引进国际国内名品、名牌、名店、名企，大力培育"首店经济"，吸引更多"首店"入驻。

助力"新国潮"，发展"新国货"品牌。华利达集团持续追求品牌梦，始终坚持"累积点滴改进 迈向完美品质"的质量方针，旗下现有"Prince Armor 王子甲""华利达"两大中国驰名商标。其中"Prince Armor 王子甲"目前已是中国驰名商标、江苏省著名商标、江苏省名牌产品，成为华利达集团推向国内市场的标杆服饰品牌。公司依托多年的服装生产经验，秉承高品质、价格平的营销理念，凭借世界水准的制造工艺，不断优化质量管理，为广大消费者提供高品位的一流服饰。

七、加强机构建设，夯实技术支撑

积极支持中国（常州）检验检测认证产业园检验检测基础设施、实验室建设、人才建设、技术交流、知识产权维权服务、资金配套等方面的提升，力争创建国家技术标准创新基地。引导常州检验检测机构发挥技术资源优势，积极搭建符合地方产业发展需要的公共技术服务平台，更好地为企业组织生产、技术研发、质量提升、商品检验提供技术支持。

常州检验检测标准认证研究院（以下简称研究院，图3-7）由原常州市计量测试技术研究所、常州市产品质量监督检验所、常州市技术监督情报研究所等6家单位整合而成，是政府依法设立的、具有独立法人资格的第三方综合性计量检定、产品质量检验和标准化服务机构，可提供计量器具检定/校准、产品质量检验与评价、条码编检、标准编审、体系撰核和培训咨询等综合性技术服务。实验室面积58 000 m^2，主要仪器设备3 700余套，年服务客户11 000余家。研究院建有办公用品设备质量监督检验、半导体照明产品质量监督检验等3个国家中心、7个省中心、2个省重点实验室。建有"国家火炬计划"常州市半导体照明技术研发及检测服务中心、"国家支撑计划"半导体照明产品认证与检测服务平台、常州质量基础一站式公共服务平台（四星级）等16个公共服务平台，是4个技术委员会秘书处单位（国家级1个）。获得中国合格评定国家认可委员会（CNAS）认可929项，中国计量认证（CMA）认定969项产品、476项检测参数，法定机构授权736项，社会公用计量标准247项。近年来，研究院完成各类科技项目38项，其中，技术创新类15项（列入国家总局科技项目6项）、标准规程类23项。获得发明专利10项，实用新型专利49项，拥有一批自主知识产权项目。"十四五"期间，研究院为服务于常州先进制造业发展，建设省智能工业机器人产业计量测试中心和先进碳材料检测技术重点实验室，全面提升质量技术保障能力。

图 3-7　常州检验检测标准认证研究院智能工业机器人检测实验室

常州另一家检验检测机构常州市食品药品纤维质量监督检验中心（以下简称中心），由原常州市食品药品监督检验中心、常州市粮油质量监督监测站和常州纤维检验所组建而成。中心食品检验检测领域现有参数 12 小类 658 项（目前已申请扩项，扩项后参数达 1 000 余个），主要检测项目有食品添加剂、农药残留量、兽药残留量、成分鉴定、非法添加等。平均每年完成监督检验、委托检验 3 500 余批次。中心在基因检测领域，一举突破瓶颈，成为江苏省内首家配备 24 通道基因膜芯片检测工作站的机构。一次检测，可同时对产品中的猪、牛、羊、兔等 11 种靶基因进行鉴别，使肉源鉴定、转基因食品筛查等社会关注的热点，在本市实现了检测能力从无到有的突破。

八、完善治理体系，争创示范城市

常州积极探索建立质量督察机制，不断完善年度质量考核制度，更好地促进科技进步、管理创新、质量提升和品牌培育。建立公平竞争审查制度，力促全市公平竞争审查工作向纵深挺进。加大事中事后监管改革力度，严厉打击制售假冒伪劣犯罪行为，维护市场经济秩序和消费者合法权益。大力查处仿冒混淆、虚假宣传、商业贿赂、商业诋毁以及利用技术手段实施不正当竞争等行为。新冠肺炎疫情暴发以来，严厉打击囤积居奇、哄抬物价、制售假冒伪劣防疫物资、非法交易野生动物等违法违规行为。扎实推进网络市场监管、虚假违法广告整治、食品药品安全监管等，有效震慑和打击扰乱市场秩序的违法行为。

健全质量强市联席会议制度，更好地推动各区、各有关部门履职尽责，最大限度激发各类市场主体、行业组织和社会各界的积极性，形成推动质量兴市的强大合力。锚定全省质量建设第一方阵，保障高水平安全，全力服务智能智造和高质量发展，努力争创"全国质量强市示范城市"。

第四章
科技创新——常州智造的制高点

当前，新一轮科技革命和产业变革突飞猛进，科技创新正成为大国博弈的主战场。党的十九届五中全会把科技自立自强作为国家发展的战略支撑；省第十四次党代会提出坚持把创新作为江苏发展的第一动力，加快科技自立自强，更大力度建设自主可控的现代产业体系；市第十三次党代会提出"以科技创新为引擎，建设创新引领、人才汇聚的现代化常州"。科技创新已成为各级政府发展经济工作的主要抓手，也成为常州市提升智能制造的主攻点。

近年来，常州市深入实施创新驱动发展战略，全力推进国家创新型城市和苏南国家自主创新示范区建设，高水平推进科技自立自强，高起点推动新型研发机构集群发展，高标准建设智能制造龙城实验室。在数字化制造技术、智能制造与机器人技术、动力电池与储能、高端新材料等方面，突破一批产业关键共性技术，解决了"卡脖子"难题。珠峰高程测量、中国天眼、嫦娥奔月等国家重大科技工程中都有常州元素。2021年，常州入选"科创中国"试点城市，跻身"科创先锋城市"，位列科技部国家创新型城市第十六位。全社会研发经费支出占GDP的比例达3.28%，科技进步贡献率达67%，万人发明专利拥有量达44.8件，高新技术产业产值占规模以上工业总产值的比例达48%。常州智造的创新元素不断涌现，城市创新综合实力稳步提升，为常州现代化建设提供了强有力支撑。

第一节　政府谋划，优化创新要素资源配置

一、强化政府导向

常州作为"科创中国"试点城市，切实把创新放在核心位置，强化创新要素保障，加快创新资源集聚，全面优化创新创业生态环境。

1. 加强政策激励

2021年，市委、市政府出台了"创新驱动高质量发展实施意见30条""创新发展政策20条"以及31项实施细则，提出到"十四五"期末主要指标争一流、创新要素翻一番、创新生态圈构建以及智造产业新标杆四个方面的目标。计划五年内设立400亿科创基金，在人才引育、金融保障、企业培育、产业链创新、载体建设等方面持续加大投入，力争带动全社会创新投入达到2 000亿元规模。

2. 开展"科技长征"

自2006年起，市领导连续16年率领党政企代表团北上南下，开展对接大院大所的"科技长征"活动。着力搭平台、引项目、聚人才，探索出了"经科教联动、产学研结合、校所企共赢"的科技创新"常州模式"。目前已累计引进南京大学、北京化工大学、大连理工大学、浙江大学等国内知名高校，中科院合肥物质科学研究院、中科院上海技术物理研究所等科研院所，与常州市共建了40多家公共创新平台，有效提升

了区域科技创新能力。新时期的"科技长征",更是布局海外,加速科技企业出海,鼓励规模以上工业企业设立离岸创新中心,引导市场化的服务机构在域外建立统一的"共享离岸研发中心",积极探索外地知识产权与研发体系本地化导入的利益机制。

3. 营造创新氛围

连续15年举办"中国常州先进制造技术成果洽谈会"及系列活动,促成企业与科研院所"牵手"、资本与创新项目"联姻",累计展示创新成果5万多项,促成2 000多个创新合作项目落户常州。

二、全域创新布局

近年来,常州高起点构建全域创新大格局,科学规划了以常州科教城、常州高新区、武进高新区、中以常州创新园、中德创新园、苏澳合作园区等为主体的"一核两区多园"的功能布局。2021年常州国家高新区和武进国家高新区综合排名分别位列全国高新区第二十一位和三十五位,较2020年度排名分别提升两个和三个位次。溧阳高新区连续3年位列省级高新区创新驱动发展综合评价第一位,被纳入科技部以升促建调研名单;江苏中关村科技园入选中国十大最具投资价值锂电产业园;江苏省金坛经济开发区获批国家知识产权试点园区;金坛华罗庚高新区已获省政府批复同意筹建,正式进入省级高新区序列。

常州科教城（图4-1）由江苏省教育厅、江苏省科技厅与常州市人民政府共同建设，占地5 km²，分为高教园区、科技园区两部分。科教城聚集了550多家研发机构、高科技企业和中介服务机构，建成了专业化的科技金融服务中心，是国家高职教育发展综合改革实验区、国家大学科技园和国家海外高层次人才创新创业基地。科教城坚持把创新摆在发展全局的突出位置，倾力打造科技、教育、产业、金融紧密融合的创新体系，加速科技成果向现实生产力转化，全力构筑"国际合作、创新研发、成果转化、人才集聚、产业培育、高职教育"6个新高地，争当中国特色高等职业教育的领跑者，争做苏南国家自主创新示范区排头兵，当好常州高质量发展走在前列的新引擎。

图4-1 常州科教城外景

科教城连续4年位列中国最佳产业园区第二名。科教城作为常州的"创新之核",其辐射带动作用尤为突出。2021年,科教城全年完成营业收入超350亿元,同比增长超34%,园区科技创新创业平台总数达47家,产学研合作金额2.75亿元,新增发明专利700件,新增授权专利2 100件。全年入选龙城英才项目27个,入选省"双创"项目5个。常州大学4个学科入围"2021软科世界一流学科排名",成功入选全国首批国家知识产权试点高校。科教城6所高校122件发明专利技术在武进高新区转化。

三、建设高端创新载体

1. 中国以色列常州创新园建设(图4-2)

2008年,江苏省与以色列签署双边产业开发合作协议,谋划创建中以常州创新园。2014年5月,科技部、江苏省政府与以色列经济部签署协议,共建中以常州创新园,成为国内首个由中以两国政府共建的创新示范园区。2015年1月,时任国务院副总理刘延东和以色列外交部部长利伯曼共同为"中国以色列常州创新园"揭牌。2018年9月,国家副主席王岐山调研园区,对园区工作予以充分肯定并提出殷切期望。园区自成立以来,以开放促合作,以创新谋发展,持续加强基础前沿技术引进转化,强化创新策源功能,在平台建设、人才引育、要素集聚、创新机制等方面探索常州路径。在全国中以创新合作领域内保持合作机制、合作模式、合作成果三个领先。目前,园区已引进以色列独资及中以合作企业155家,涵盖智能制造、生命健康、现代农业、节能环保、新材料等多个产业领域。并建成江苏省中以产业技术研究院、以色列江苏创新中心、中以创新汇等一批特色鲜明的创新平台,工作成效相继得到中以双方的高度认可。特别是江苏省中以产业技术研究院与以色列趋势线(Trendlines)集团共建联合实验室,以技术委托、合作研发等形式,帮助本地企业攻克产业技术难点;与唯德康公司合作开发的肠道内镜下黏膜剥离术(ESD)有望填补国内技术空白。此外,研究院旗下固立高端装备创新中心、骨科与运动康复产业支撑平台、荧光RNA(核糖核酸)即时核酸检测技术产业化平台等专业公共服务平台也

图4-2 中国以色列常州创新园全景

陆续建成投用。下一步，园区将认真贯彻习近平总书记的指示要求，致力于打造"创新浓度最高、创业热度最高、人才密度最高"的国际化科创园区，争当中以创新合作领航者。

2. 推进共性技术创新平台建设

近年来，常州市围绕集成电路、新一代人工智能、生物医药、5G 通信等先导产业发展前沿，围绕智能制造、新材料、新型医疗器械、智慧能源等主导产业重大技术创新需求，按照国家级实验室的标准建设"龙城实验室"。同时，致力于原始创新和战略技术突破，打造既能解决基础研究核心关键问题，又能为产业创新提供科技支撑的科研平台。创建了一批由央企、行业龙头骨干企业、国内外知名高校院所牵头参与的支撑地方产业发展的共性技术研发平台。先后建设了常州先进制造技术研究所（中科院）、天目湖储能技术研究院（中科院）、江苏中科院智能科学技术应用研究院、机械科学研究总院江苏分院、中汽研（常州）汽车工程研究院、江苏长江智能智造研究院、江苏集萃安泰创明先进能源材料研究院、江苏省中以产业技术研究院等 43 家共性技术研发平台（新型研发机构）。其中，与中科院共建 7 家，与大学共建 12 家，与央企共建 5 家。

截至目前，全市共建有江苏省新能源汽车能源与信息创新中心、江苏省石墨烯创新中心 2 家省级制造业创新中心；江苏省碳纤维及复合材料产业创新中心、半导体（异质结）叠层新能源省级产业创新中心、江苏省先进动力及储能电池产业创新中心 3 家省级产业创新中心。其中，星星充电协同 11 家产业链企业和科研院所成立了"江苏省新能源汽车能源与信息创新中心"，汇聚了以中国科学院院士、清华大学教授欧阳明高为首的一批全球新能源汽车行业的顶尖专家，全职研发人员占比为 96.5%，硕士以上学历人员占比 42% 以上，是全国唯一的智慧能源领域的省级创新中心，也是全省制造业创新中心创建速度最快的一个。目前，江苏省新能源汽车能源与信息创新中心立足装备、系统、网络 3 个层级，从能源生产端、能源传输端、能源消费端 3 个方面着手开展相关核心技术的研发，主要开展了碳化硅（SiC）器件封装技术、功率变换模块、大功率充电系统、光储充微电网、多级能量管理系统等一批高水平研发项目。未来，创新中心继续加强前沿探索和前瞻布局，加快科技成果转化，依托集成创新，整合各类创新资源和载体，打造跨界协同的创新生态系统。

第二节　突出主体，增强企业自主创新能力

近年来，常州市着力构建以企业为主体的技术创新体系，不断强化企业创新主体地位。企业自主创新能力大幅提升，产业技术创新能力显著增强。"十三五"以来，全市累计获国家技术发明（科技进步）二等奖 13 项；江苏省科学技术奖 137 项，其中一等奖 21 项，二等奖 36 项，三等奖 80 项；中车戚墅堰机车车辆工艺研究所有限公司、江苏上上电缆集团

有限公司、天合光能股份有限公司、中天钢铁集团有限公司4家企业获得中国工业大奖，江苏武进不锈股份有限公司等4家企业获得"国家级技术创新示范企业"称号，江苏恒立液压股份有限公司等7家企业荣获省企业技术创新奖。

近年来，常州市大力实施"企业研发机构高质量提升计划"，突出企业创新主体作用，培育了一批以工程技术研究中心、企业技术中心、工程研究中心"三中心"为载体的高水平、高层次、高质量的企业研发机构。同时，鼓励领军型创新企业在海外建立创新研发平台，提升企业的创新能力和核心竞争力。目前，全市建有市级以上企业研发机构1 988家，其中国家级16家、省级816家，累计设立海外创新研发机构的企业有70余家。全市共有博士后设站单位109家，国家级工作站36家，省博士后创新实践基地73家。

一、着力培育企业技术中心

经过多年的持续培育，常州市共有国家企业技术中心13家，省级企业技术中心264家，市级企业技术中心290家。天合光能依托国家企业技术中心，先后被认定为国家知识产权示范企业、国家技术创新示范企业，并与光伏科学与技术国家重点实验室释放创新平台乘法效应，在历年国家企业技术中心评价结果中，天合光能始终保持"优秀"等级。国家发改委发布的国家企业技术中心2021年评价结果，天合光能股份有限公司94.2分，评价结果得分省内排名第一位。天合光能累计申请专利 2 200 余件，发明专利拥有量行业领先；公司主导和参与制定行业标准 107 项，已发布标准 96 项；申请各类政府科研项目 60 项，为加快实现"碳中和"目标发挥出了重要的创新引领价值。2021 年 11 月，天合光能荣获"国家技术发明奖"，实现了中国光伏行业在国家科学技术大奖上零的突破。2022 年 2 月，天合光能入选路透社评选的《全球能源转型前 100 名创新者》名单，这是中国唯一入选该名单的企业，同时也是亚太地区为数不多的入选企业之一。

二、系统推进高企建设

常州市建立了高企申报后备库，做大高企培育蓄水池，连续 3 年优化升级高企培育政策，扩大奖励范围，提高奖励标准，持续激发了企业申报高企的积极性。全市申报高企数量从 2018 年的 672 家增加到 2021 年的 2 081 家，实现了高企申报数的 3 倍增。在全省率先使用材料审核工具"大数据比对系统"。2021 年启动"高企智能化填报系统"，简化了企业填报流程，提升了申报效率和通过率。2021 年，全年拥有高新技术企业 2 915 家，增长 16.7%；推荐高新技术企业申报 2 081 家，增长 21.3%；高新技术企业认定数 1 048 家，通过率 50.4%。超额完成省科技厅年初下达的有效高新技术企业数达 2 700 家的任务指标，全省排名第一位，壮大了常州市高新技术企业集群，集聚了高质量发展动能。

安靠智电创建于 2006 年，是国内目前同时掌握两种地下输电技术（电缆输电、GIL 输电）的高新技术企业。公司首创先锋输变电技术概念，率先实现超高压电缆连接件的国产化，推动了中国电缆工业由高压到超高压的跨越；研发适用于城市地下输电的气体绝缘输电线路（GIL），拿到全球第一个 1 000 kV GIL 产品型式试验报告。世界首创 GIL 三相共箱技术，可将城市中高电压、大容量的架空线入地，盘活土地资源；研发智慧模块化变电站，相比传统变电站空间占用减少 50%～70%，服务新型变电站建设。目前，国内电网首条 500 kV 气体绝缘输电线路示范工程在常州武进投运，该项目的实施有效避免了数个行政村的拆迁，盘活了大量土地资源，推动了当地产业园区重大项目的快速落地。未来，这项技术将有效解决大型城市新能源汽车、5G 技术等大规模应用后大型城市的巨大电能输送难题，实现城市纵横交错的高压架空线路转入地下输送，提升城市形象。安靠智电不愧为高新技术企业的典范，15 年来创造 12 项中国第一、7 项世界第一、7 项世界唯一，央视"大国重器"做了两次专题报道。

三、积极培育瞪羚、独角兽企业

2021 年，独角兽、潜在独角兽企业评估范围扩大至全省。常州市蜂巢能源科技有限公司等 3 家企业入选江苏独角兽企业；常州汉韦聚合物有限公司等 21 家企业入选江苏潜在独角兽企业，数量位居全省第三位；常州英诺激光科技有限公司等 74 家企业入选江苏省高新区瞪羚企业，数量位居全省第三位。2022年6月22日,《赛迪科创独角兽百强（2022）》发布,常州中创新航名列第八位,蜂巢能源名列第十位,星星充电名列第二十三位。

蜂巢能源作为独角兽企业,其前身是中国知名汽车品牌长城汽车的动力电池事业部,2018年2月独立为蜂巢能源科技有限公司,是一家专业从事汽车动力电池材料、电芯、模组、电池包装（PACK）、电池管理系统（BMS）、储能研发和制造的新能源高科技公司。公司占地800亩,投资70亿元,总规划产能18 GW·h,整体自动化率高达95%。近年来,蜂巢能源高速发展,建成车规级动力电池人工智能工厂,创新性采用高速叠片工艺,已在全球布局7大研发中心,8个电池基地相继落地。依托雄厚的研发实力,蜂巢能源率

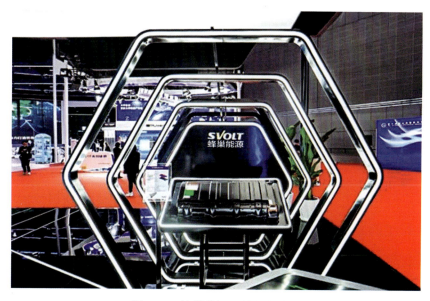

图4-3 蜂巢能源无钴材料电池

先推出全球首款无钴材料电池（图4-3），并随后正式发布了115 Ah、226 Ah两款无钴材料电池，分别对应中高端车型和高端车型，已经具备了在长里程车上替代三元高镍的性能水平及成本竞争力。

第三节 聚焦"瓶颈"，重点攻克"卡脖子"难题

多年来，常州市骨干企业致力于围绕国家工业强基工程，聚焦产业链"瓶颈"卡口，加大科技攻关力度，在突破重大工程项目、重大装备短板、关键核心技术、重要软件和系统等方面取得了卓越的成绩。

一、聚焦重大工程项目攻关

常州博瑞电力自动化设备有限公司（图4-4）是国内智能电网的领军企业，15年来，坚持自主创新，不断追逐前沿技术，持续攻关"卡脖子"难题，在高端电力装备领域屡次打破国外技术垄断，在国际招标中多次击败竞争对手ABB、西门子，产品在白鹤滩、乌东德、北京冬奥会等重大工程中大规模应用。公司承担实施了西电东送能源战略重大输电项目——雅中－江西特高压直流输电工程，"双碳"目标的样板工程——粤港澳大湾区柔直背靠背工程，促进国家能源结构调整和节能减排的清洁能源项目——白鹤滩－江苏特高压直流工程以

及北京冬奥供电保障等多项重点工程项目,并在电网支撑型储能系统、压缩空气泡沫灭火系统、环网柜、故障限流器等方向深入研究,取得了一系列丰硕成果,其中7项科技成果通过鉴定,综合技术水平国际领先。2021年累计申请专利86件,其中发明专利31项,申请注册商标39件。获国际电工委员会(IEC)1906奖、江苏省科学技术奖、中国机械工业科学技术奖等科技奖项近30项。

图4-4　博瑞电力特高压试验大厅

二、聚焦基础零部件攻关

江苏恒立液压股份有限公司创立于1990年,是集高压油缸、液压泵阀、液压马达、液压系统、高精密液压铸件及气动元件等系列产品研发制造于一体的大型跨国企业（图4-5）。依托自主创新，从5万元、7个人起步，经过30多年发展，先后攻克了高压油缸、液压泵、液压阀等核心部件的技术难关，打破国外技术垄断。如今在全球拥有4大研发中心、9个制造基地，员工约5 000人，是全省工业机械行业中首家市值突破千亿元的企业，并成功为"中国天眼"球面射电望远镜提供液压促动器。目前公司拥有全球最大的高压油缸生产基地（市场份额达到50%）和全球最大的盾构机专用液压油缸生产企业（国内市场占有率超过85%）。产品远销20多个国家和地区，涉及工程车辆、港口船舶、能源开采、隧道掘进、工业制造等诸多行业。公司研发的新产品先后通过中国机械工业联合会、江苏省工信厅组织的新产品鉴定，"工程机械液压马达减速机铸件""振动试验伺服

图4-5　江苏恒立液压股份有限公司生产的超大缸径、超大活塞杆

油缸""高空作业车专用高压油缸"获2021年常州市高新技术产品认定;"液压多路换向阀关键技术与应用项目"获2017年度液压液力气动密封行业技术进步奖和技术发明一等奖,并获中国机械工业科学技术奖一等奖。2021年8月江苏恒立液压股份有限公司凭借全方位多维度的创新实力与先进创新理念,作为智能制造领域代表企业荣登福布斯"2021中国最具创新力企业榜"。2021年3月,李克强总理来常州考察,勉励企业不仅要永恒立起来,而且要勇敢立在潮头。

三、聚焦基础材料攻关

中简科技(图4-6)创办于2008年,是我国航空航天用高性能碳纤维产业化的领军企业,公司生产的高性能碳纤维材料已成功批量稳定应用于航空航天领域,填补了国产高性

图4-6 中简科技生产线

能碳纤维在航空航天应用领域的空白。

14年来,中简科技始终坚守主业不动摇,围绕航空重大装备需要,以国家战略基础材料——航空航天用高性能碳纤维国产工程化制备为己任,成功自主设计了国内第一条百吨级的T700/T800级柔性工程化生产线,设备国产化率高达98%以上,打破了美国、日本等发达国家长期在航空航天用高性能碳纤维材料和装备上的国际垄断,实现了从关键原材料到重大装备的自主保障,使中国自己的原创技术提前3年成功应用在主战装备的主体材料上,荣获"国家高新工程突出贡献奖"。

四、聚焦基础工艺攻关

江苏金源高端装备股份有限公司始建于1997年,专注于高速重载齿轮锻件的研发、生产、销售20余年,主要产品包括高速重载齿轮锻件、齿轮轴锻件、齿圈锻件等自由锻及模锻件,年产能达10万吨,是一家为高端装备制造业提供关键零部件的高新技术企业,其产品还应用于风电、工程机械、轨道交通、海洋工程等行业领域。

公司在精密锻造技术、复合成形技术等方面具有较强的行业先进性,在炉温均匀性智能控制、材料精密成形、热处理及缺陷控制等领域攻克了多个行业技术难题,拥有众多专利及专有技术。目前,江苏金源的部分产品已成功实现进口替代,为南高齿、杭齿前进、振华重工、太原重工等国内知名厂商提供优质产品，并成为歌美飒、博世力士乐等全球主要重型装备制造商的供应商。

五、聚焦基础技术攻关

江苏集萃安泰创明先进能源材料研究院有限公司是由央企控股的上市公司安泰科技股份有限公司原研发中心骨干团队现金出资控股成立的高新技术企业，是常州市首批"新型研发机构"、"江苏省先进能源材料科技公共服务平台"和"江苏省关键新材料军民融合创新平台"。公司的研发平台拥有200余套专用研发和测试分析装备，并正在申请CNAS和CMA认证。

近年来，安泰创明围绕"新能源材料技术与应用"，在节能材料、储能材料和发电材料等领域，承担多项国家和省部级重点研发专项，取得了一批在国内外领先的工程化成果。在发电材料领域，首创以低压金属固态储氢为氢源的燃料电池发电装置，突破了集成化工程技术，并成功应用于氢能助力两轮车、电动自行车等产品中；在节能材料领域，建成了我国首条连续化纳米晶材料专用生产线，高品质宽幅纳米晶带材实现产业化，并广泛应用于电力和电子领域；在储能材料领域，由加拿大引进的超级电容器电极材料，是我国首条具有自主知识产权的全自动化产业线，打破了该类产品长期依赖进口的局面，保障了我国超级电容器产业链的安全。安泰创明始终坚持内生和外引并重，不断培育、引进、孵化、嫁接科技成果和产业资源，输出高质量的创新项目，致力于成为新能源材料领域的创新引领者、价值创造者、资源整合者。

六、聚焦基础软件攻关

常州微亿智造科技有限公司是一家专注于"人工智能+大数据"技术，助力工业企业智能化转型升级的公司，也是目前国内唯一将人工智能设备大规模批量应用在工厂现场的企业（图4-7）。

微亿智造致力于用"技术之眼"为制造业转型升级赋能。从工业质检环节切入，针对工业人工智能视觉检测推出了国产自主可控工业视觉算法模型Tri-vision。Tri-vision采取

图4-7 微亿智造工业大数据云平台

多模型算法叠加及二次投票机制方式的混合算法,在深度学习算法上达到了工业级检测要求。公司打造的"制造执行大脑",涵盖了整个工业现场五大环节——生产、计划、质量、工艺、成本,构建了针对制造业特点研发的工业级大数据算法能力,用于工业场景的技术服务能力和工业大数据云平台的建设能力。目前,微亿智造已与苹果、戴尔、微软等国际顶级供应链企业达成合作,先后实现了规模化投产。

第五章

专精特新——常州智造的主力军

"专精特新"即专业化、精细化、特色化、新颖化,是当前我国中小企业转型升级、高质发展的必由路径。

第一节　专精特新的政策背景

1974年英国经济学家舒马赫出版了《小的是美好的》一书，从经济学角度阐明了中小企业发展的优势。

1986年，德国管理学家赫尔曼·西蒙发现德国出口贸易成功的主要原因不能归结为大公司，而应该归结为众多的中小企业，进一步认识到中小企业的重要性。为此，他做了认真调研，第一次提出了"隐形冠军"的概念。他所界定的"隐形冠军"企业必须具备三个条件：产品市场占有率全球数一数二；产值10亿欧元以下；鲜为人知。

进入新世纪，"隐形冠军"概念不断中国化，逐步演变成"专精特新"的本土化概念。

2011年7月，工信部总工程师朱宏任在《中国产业发展和产业政策报告》新闻发布会上首次表述："十二五"时期将大力推动中小企业向"专精特新"方向发展，即专业、精细管理、特色和创新。同年9月，工信部出台《"十二五"中小企业成长规划》，明确提出要坚持"专精特新"的基本原则，促进中小企业成长。在部级层面上第一次提出了"专精特新"的发展理念。

2012年，国务院颁布《关于进一步支持小型微型企业健康发展的意见》，鼓励小微企业走"专精特新"和与大企业协作配套发展的道路。"专精特新"概念在国家层面形成共识。

2013年，工信部出台的《关于促进中小企业"专精特新"

发展的指导意见》，成为首个专门推动"专精特新"发展的指导意见。

2014年以来，工信部围绕《中国制造2025》重点领域，相继出台了促进中小企业发展规划、实施"专精特新"中小企业培育工程、开展"专精特新""小巨人"企业培育工作、打造制造业单项冠军等一系列指导意见和行动方案。

2021年1月，工信部会同财政部出台《关于支持"专精特新"中小企业高质量发展的通知》，首次提出中央财政对"专精特新"企业的专项扶持政策，明确"十四五"期间中央财政安排100亿专项资金，重点支持1 000家国家级"专精特新""小巨人"企业高质量发展。

2021年7月30日，中央政治局会议提出："开展补链强链专项行动，加快解决'卡脖子'难题，发展'专精特新'中小企业。""专精特新"被提到了政治局关注的新高度。

2021年9月2日，习近平总书记在2021年中国国际服务贸易交易会全球服务贸易峰会致辞中宣布：继续支持中小企业创新发展，深化新三板改革，设立北京证券交易所，打造服务创新型中小企业主阵地。次日，北交所正式挂牌成立，"专精特新""小巨人"企业成为北交所上市主力军。

2021年9月29日，《江苏省中小企业促进条例》(以下简称《条例》)颁布，共有10章74条。《条例》明确提出支持中小企业走"专精特新"发展之路。《条例》第六条规定："县级以上地方人民政府应当支持中小企业融入、服务国家战略，引导中小企业专业化、精细化、特色化、新颖化发展，因地制宜聚焦主业加快转型升级，提升中小企业在细分市场领域的竞争力，推动中小企业做优做强，培育更多具有行业领先地位、拥有核心竞争力的企业。"《条例》于2022年1月1日正式实施。

2021年11月下旬，国务院办公厅下发《关于进一步加大对中小企业纾困帮扶力度的通知》，国务院促进中小企业工作领导小组印发了《提升中小企业竞争力若干措施》，工信部印发了《为"专精特新"中小企业办实事清单》。这三个文件重点关注中小企业的困境，并提出了一系列支持和帮扶措施，为中小企业走"专精特新"之路创造了良好的政策环境和创新氛围。

2021年12月，中央经济工作会议提出："激发涌现一大批'专精特新'企业。"

2022年3月5日，政府工作报告又提出，"着力培育'专精特新'企业，在资金、人才、孵化平台搭建等方面给予大力支持"，以"增强制造业核心竞争力"。"专精特新"一词首次在政府工作报告中亮相。

2022年6月1日，工业和信息化部又出台了《优质中小企业梯度培育管理暂行办法》，对"专精特新"中小企业评价认定、动态管理、培育扶持等做出了明确要求和具体规定，进一步规范了"专精特新"中小企业的培育和发展工作。

近年来，各级政府部门对发展"专精特新"中小企业十分重视和关注,"专精特新"不仅成为一个网红热词,更成为中小企业高质量发展的必然选择。

第二节 专精特新——常州"硬核"

常州是制造业大市,拥有完备齐全的产业链、供应链、创新链,拥有工业企业6万多家,绝大多数是民营中小企业。在协作配套、市场开拓、经营管理等方面,具有灵活的机制优势和创新特质,为"专精特新""小巨人"企业的成长提供了肥沃土壤。

近年来,常州市紧紧围绕工业智造明星城建设,积极引导广大企业特别是中小企业走"专精特新"发展道路,加快培育一批专注于细分市场、聚焦主业、创新能力强、成长性好的"专精特新""小巨人"企业,将培优中小企业与做强产业相结合,不断提高企业自主创新能力、专业化水平和核心竞争力,加快推动常州市制造业转型升级,不断增强实体经济发展活力,为全市制造业高质量发展提供了强力支撑。截至目前,常州累计培育国家制造业单项冠军企业24家,国家级"专精特新""小巨人"企业28家,省级"专精特新""小巨人"企业172家,市级"专精特新"企业326家。从数量上看,常州处于江苏省第一方阵。其中单项冠军企业数位居全国同类市第一位,占全国总数的3%;国家级"专精特新""小巨人"企业数占全国总数的0.59%。

2021年，常州省级以上"专精特新"企业平均研发投入占比7%，平均科技人员占比21.59%，平均高新技术产品占比77.7%。国家单项冠军、国家级"专精特新""小巨人"企业平均拥有发明专利22.3件，研发机构拥有率100%。

2021年，常州市级以上"专精特新"企业占全市规模以上工业企业数的5.27%，营业收入和利润总额分别占全市规模以上工业企业的21.78%和34.89%。其中，省级以上"专精特新"企业平均营业收入和平均利润总额分别是全市规模以上工业企业平均数的4.5倍和6.5倍，国家单项冠军企业平均营业收入和平均利润总额分别是全市规模以上工业企业平均数的19倍和23倍。

2021年，常州裕兴薄膜、纺兴精密、铭赛机器人、捷佳创等16家企业被评定为第三批国家级"专精特新""小巨人"企业，入选数量创历年新高。常州28家国家级"专精特新""小巨人"企业中，有上市企业8家，分别为中简科技股份有限公司、江苏安靠智能输电工程科技股份有限公司、常州强力电子新材料股份有限公司、维尔利环保科技集团股份有限公司、江苏裕兴薄膜科技股份有限公司、江苏晶雪节能科技股份有限公司、快克智能装备股份有限公司、常州中英科技股份有限公司。它们集中在制造行业，专注于细分市场，创新能力强，市场占有率高，掌握关键核心技术，以极少的数量为全市工业经济发展做出了巨大贡献。"专精特新""小巨人"企业已成为常州工业经济的"硬核"。

第三节　专精特新——亮点纷呈

"专精特新"不是一个抽象的模糊的概念，而是一个"四位一体"的创新概念，更代表着一个个充满活力的创新实体。常州市"专精特新""小巨人"企业在专业化、精细化、特色化、新颖化等诸多方面，依靠自身优势，紧贴产业发展，谱写了技术创新、高质发展的动人篇章，涌现了一大批标杆企业。

一、专业化

专业化是企业发展的战略定位和方向，主要特征就是"从一而终"，在产业链的关键领域"深耕"。企业专注核心业务，在细分领域把产品做到极致，不断提高专业化生产、服务和协作配套的能力。

核电站用电缆在业内被誉为"皇冠上的明珠"。上上电缆 20 世纪 90 年代进入核电领域，是国内第一批进入核电领域的电缆企业，25 年专注主业，成功研制了安全等级最高的 1E 级 K1 类电缆。研制的 40 年寿命二代核电 1E 级 K1 类电缆，产品技术水平国际领先，填补了国内空白，率先实现了国产化和安全可靠的进口替代。研制的 60 年寿命三代核电（AP1000）1E 级 K1 类电缆，产品专业技术水平国际领先，填补了世界空白。

钱璟康复深耕医疗康复领域 25 年，是中国康复辅具行业

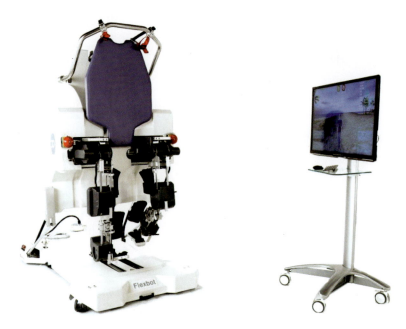

图 5-1　钱璟康复器材（下肢步态训练和评估系统）

领域的专业型、领军型企业（图 5-1）。2019 年被工信部授予第一批"专精特新""小巨人"企业，主导编制 17 项国家及行业标准。主导产品"智能步态运动康复机器人系列产品"对患者神经系统的重塑和步态的再学习起到了革命性的作用，使患者致残率降低 50%，康复周期下降 50%，医疗花费减少 30%，打破了国外厂商对康复机器人及国内三甲医院等高端市场的垄断局面。"钱璟"商标是康复行业的首个"中国驰名商标"。公司获得"国家高新技术企业""国家知识产权示范企业""国家智慧健康养老示范企业""国家级博士后工作站"等国家级资质荣誉认定。

万帮数字能源股份有限公司（星星充电）是专注于新能

图 5-2　万帮数字能源股份有限公司生产的充电桩

源汽车充电设备研发制造的生产性服务型企业（图 5-2）。产品线涵盖交直流设备、充电枪头、电源模块、智能电柜、换电设备等。目前在智能大功率快速充电、小功率双向便携直流充电、智能车桩网融合及大数据分析、虚拟验证和仿真优化设计等领域拥有 100 多项自主核心技术。星星充电首创"移动能源网"概念：借助于移动的交通工具、移动的能源载体、移动的补能设施和移动的通信终端所构建的时空泛在能源互联网络，创新"云管端"即"硬件+软件+服务"的专业化协作配套商业模式，堪称数字能源生态中国样本。

二、精细化

精细化代表企业精益求精的工匠精神，是指企业依托精细化的产品和服务，在细分市场中占据优势，建立强大的技术优势和品牌影响力。

江苏精研科技股份有限公司致力于精细化生产（图 5-3），采用金属粉末注射成形技术制备的金属零部件，

图 5-3 江苏精研科技股份有限公司车间

具有三维结构复杂、尺寸精度高、表面质量好、生产效率高、成本低等特点，突破了传统锻造、粉末冶金等方法难以成形高精密复杂零部件的瓶颈问题。与机械加工技术相比，大幅提升了高精密微型复杂零部件制备效率，同时大幅降低了加工成本，实现了高精密复杂零部件的低成本宏量制备，促进了金属零部件近净成形加工技术的革新。目前精研科技是国内首家以全 MIM（Metal Injection Molding，金属注射成型）产品上市的企业，综合实力位居国内首位。精研科技联合微亿智造，共同研发基于 5G 技术的自动视觉检测机器，仅需 1~2 秒，就能同步完成 4 个精密产品的瑕疵检测。35 台机器可以替代 300 多个传统质检工，企业一年可节省人工成本3 000多万元。

常州纺兴精密机械有限公司于1970年成立，50多年专注于化纤行业核心零部件喷丝板的研发（图5-4），形成独特的喷丝板制造技术25项，其中3项为世界首创，国内市场占有率超七成。常州纺兴精密机械有限公司是国内同行业"生产最早、品种最全、质量最好、技术最精、规模最大"，国际上同行业"生产能力第一、技术装备一流、产品质量一流"的高科技企业。企业参与的新型纤维素纤维喷丝板技术的攻关，对产品的精密度要求非常高。要求在直径300~500 mm、厚度只有1~3 mm的不锈钢环形薄板上加工30 000个以上的微孔，最多孔数达到67 000多个。这些微孔直径最小的仅有0.07 mm左右，比我们的头发丝还细。而且这数万个微孔必

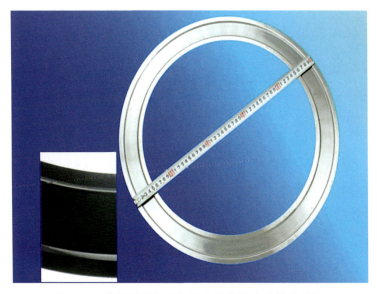

图5-4　常州纺兴精密机械有限公司生产的喷丝板

须保证 100% 合格，99.99% 都不行。常州纺兴精密机械有限公司终于攻克了这一难题，打破了国外厂商的垄断。2020 年新冠肺炎疫情期间，企业被国务院国资委火线"点将"，为中石化 4 条熔喷布生产线提供高难度特制熔喷法喷丝板，保障了全国医用口罩的产能。

常州同惠电子股份有限公司是 2021 年常州首批在北京证券交易所上市的"专精特新""小巨人"企业。高端精细化电子测量仪器一度为美国、欧洲、日本等国家垄断。同惠电子十年磨一剑，推出测频范围 10 Hz～130 MHz 的精密阻抗分析仪，领先于国际先进产品，一举取得行业产品议价权。

三、特色化

特色化代表企业的个性特质，是指企业利用特色资源，采用独特工艺、技术、配方或特殊原料进行研制生产，产品或服务具有独特性、独有性、独家生产的特点。

常州科研试制中心有限公司是专业研究煤矿辅助特种运输设备——防爆无轨胶轮车国产化的首创单位，也是防爆新能源车技术引领单位和国内首台防爆无人驾驶胶轮车的研制单位（图 5-5）。公司承担过多项国家攻关项目，填补了国内煤矿辅运领域多项空白，获得国家技术发明奖、省市科技奖 20 多项。2021 年，主导产品"煤矿井下用防爆车"被工信部评为单项冠军产品和煤机优质品牌产品。

江苏凯特汽车部件有限公司占领了国外汽车改装市场，

图 5-5　常州科研试制中心有限公司试验场

专业从事国内外高端改装车市场特种铝车轮的研制，是我国汽车铝车轮行业大尺寸个性化定制的龙头企业（图 5-6）。公司打破了我国中小企业"重生产轻设计"的传统思维，注重产品特色化定制研究，以满足发达国家汽车发烧友对房车、越野车铝车轮个性化、时尚化、多品种的需求。公司在大尺寸复杂结构铝铸件的铸造、模具的智能化设计、铝车轮的精密加工等关键技术上处于国内领先水平，年开发新产品系列30 个以上，新技术 5 项以上，其中 30 英寸以上的轿车和运动车铝车轮、多工艺组合彩色铝车轮等 12 个系列产品填补了国内空白。

常州强力先端电子材料有限公司是生产高端光刻胶引发剂的龙头企业（图 5-7），拥有生产高端引发剂的独特技术。公司通过自主研发成功开发的光引发剂系列产品，打破了跨

图 5-6　江苏凯特汽车部件有限公司精车铣加工轿车铝车轮

图 5-7　常州强力先端电子材料有限公司产品

国公司对彩色／黑色光刻胶用途高感度光引发剂技术和产品的独家垄断，为我国平板显示行业光刻胶国产化打下了坚实的基础。该系列产品从 2009 年开发成功至今，已发展为全球市场占有率第一（市场份额 45%）、产品种类最为齐全、性能最为优越的系列产品。

四、新颖化

新颖化体现了企业的创新精神，是企业发展的灵魂。企业运用互联网、云计算、大数据、人工智能等现代科技手段开展技术创新、管理创新和商业模式创新，在关键领域"补短板""锻长板""填空白"，形成"人无我有、人有我新"的竞争优势。

征图新视（江苏）科技股份有限公司致力于技术创新（图 5-8）。以"同源技术的多元应用"为核心战略，基于自主研发的机器视觉技术平台，面向消费电子、印刷、农产品、交通等多元化行业，提供以外观检测功能为主的机器视觉系统，助力客户实现生产智能化，从而优化质量、提升效率、降低成本。公司目前拥有专利 215 项，发明专利 49 项，软件著作权 75 项，负责起草国家标准"卷筒料印刷品质量检测系统"及行业标准"平台式单张纸印品质量检测机"，技术实力尤为雄厚。

五洋纺机有限公司致力于管理创新（图 5-9）。依托"互联网＋智能制造"平台开发了国内首创经编生产线智能管理

图 5-8 征图新视(江苏)科技股份有限公司产品实景

图 5-9 五洋纺机有限公司车间实景

系统，对工厂的每个生产环节进行全程数据采集、传输、诊断、维护管理和远程控制，生产经营实行全面信息化管理。公司积极投身于数字化、智能化发展方向的转型升级，于2012年着手规划打造中国纺机行业内首个数字化工厂。按照"中国制造2025"和"德国工业4.0"要求规划布局，总投资1.5亿元，建筑面积35 000 m²，引进世界一流的生产装备，包括关节机器人、自动导引运输车（AGV小车）、立体仓库等设施，以先进的管理手段，结合大数据环境下的通信技术建成行业内首个数字工厂。"人""机""料""法""环"五大要素的深度融合，形成了以"智能"生产方式制造"智能"产品的生产模式，大大提高了管理水平和生产效能。

常州华立液压是五星上云企业，专业生产润滑成套设备，主要服务于国内外大型主机企业，高端市场占有率遥遥领先，连续16年保持国内稀油润滑设备行业第一名。公司致力于服务模式创新，开发远程运维系统，通过对公司产品核心部件装传感器和通信模块，实现对产品运行的远程数据采集、产品监控、系统诊断，提前向客户提供解决方案和服务。依托工信部云平台，在公司产品和核心部件上放二维码，客户或服务人员通过扫码即可获取相关基础信息，拉近与客户的距离，提高合作黏度。

第四节　专精特新——常州经验

2017 年 9 月 1 日，新修订的《中华人民共和国中小企业促进法》正式发布。常州作为中小企业之都，率先贯彻落实《中小企业法》要求，经过近半年的深入调研，于 2018 年年初研究出台了《关于促进常州市中小企业健康发展的实施意见》（图 5-10）。这是全省唯一也是第一个以政府 1 号文件下发的促进中小企业发展的文件，足见常州对中小企业发展之高度重视。

2021 年 9 月 17 日，常州市政协召开十四届二十七次常委会会议，专题协商“育引更多‘专精特新’‘小巨人’企业，锻造国际智造名城新优势”的一号课题。把“专精特新”作为

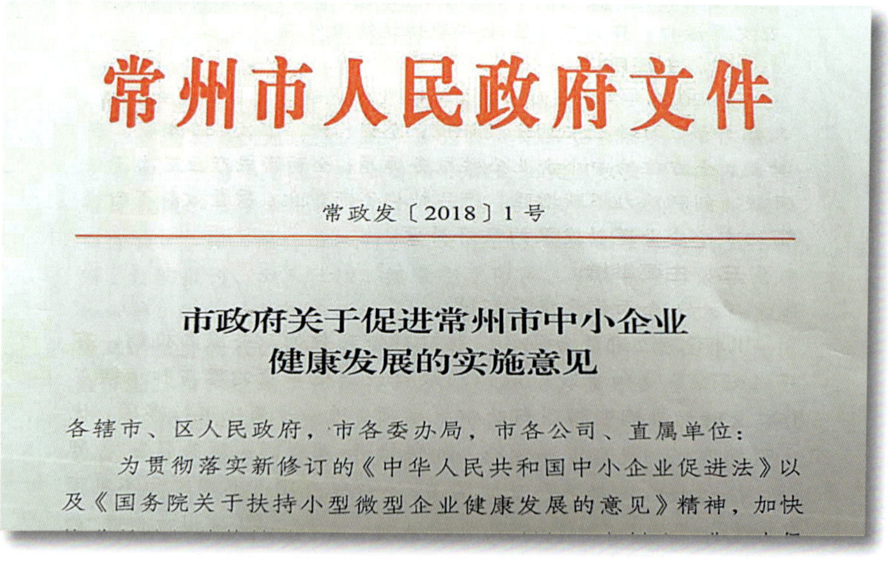
常州市人民政府文件

常政发〔2018〕1 号

市政府关于促进常州市中小企业
健康发展的实施意见

各辖市、区人民政府，市各委办局，市各公司、直属单位：

为贯彻落实新修订的《中华人民共和国中小企业促进法》以及《国务院关于扶持小型微型企业健康发展的意见》精神，加快

图 5-10 《市政府关于促进常州市中小企业健康发展的实施意见》

常州创新驱动核心战略的重要突破口，以"专精特新"打造常州智能制造的新名片。

2022年2月，常州市又出台了《加快培育发展"专精特新"中小企业行动计划》，推进六大工程，出台26条政策措施，激发全市中小企业走"专精特新"之路，并积累了独到的经验做法。

一、健全工作机制

常州市先后成立加快民营经济发展联席会议领导小组和促进中小企业发展工作领导小组，统筹协调推进全市"专精特新"中小企业发展工作。各辖市、区建立了推进指导中小企业"专精特新"工作的协调机制，进一步明确工作目标和重点任务，细化政策措施，确保各项责任落在实处。将"专精特新"培育工作列入各辖市、区年度考核指标，按年度下达工作计划和具体培育要求，建立年中督查、年度考核机制，及时通报考核情况，根据考核结果表彰先进。

二、加强宣传引导

充分利用各类媒体宣传、推广常州市"专精特新"企业发展的先进经验和做法，开展系列宣传活动；在全市年度发展大会上进行总结和表彰；分行业、分地区召开"专精特新"发展现场会，每年组织开展"专精特新"企业专场培训30余场，宣传促进中小企业发展的法律法规、政策措施，强化企业"专精特新"发展导向;树立一批"专精特新"发展的先进典型,形成全社会支持关心"专精特新"的浓厚氛围,营造"专精特新"科技创新的生态。

三、强化梯度培育

1. 支持小微企业上规模

以年主营业务收入 1 000 万~2 000 万元的小微工业企业为重点培育对象,推动企业通过技术改造、增资扩产等方式转型升级,实现上规模目标。各地政府建立相关奖励机制,对首次纳入市统计数据库的规模以上工业企业给予一次性奖励。目前,全市规模以上工业企业近 6 000 家。

2. 完善企业培育库建设

2018 年,常州在全省率先出台关于促进中小企业发展的实施意见,配套出台《常州市"专精特新"中小企业认定办法》,围绕全市重点发展的十大先进制造业集群,将一批拥有核心技术的成长性好、专业化水平高、创新能力强、产品服务特色化明显的企业纳入培育库。加强对入库培育企业的动态管理,定期对入库企业名单调整更新。目前,常州共有省市两级培育库企业 2 134 家。

四、落实专项奖励政策

多年来,常州专门设立中小企业转型升级奖励资金,并不断扩大规模。2022 年又出台《关于促进产业高质量发展的若干政策》，对新认定的国家制造业单项冠军企业、国家级"专精特新""小巨人"企业、省级"专精特新""小巨人"企业，分别给予 200 万元、100 万元、50 万元奖励。鼓励"专精特新"企业加大技术改造力度，对制造业单项冠军、市级以上"专精特新"企业实施的设备投入 5 000 万元以上的技改项目，参照现有重大项目设备投入奖励政策进行扶持。

五、促进大小企业融通发展

充分发挥常州国家高新区和武进国家高新区两个省级大中小企业融通特色载体的优势，基于产业生态、供应链协同、创新能力共享、信息驱动，在大企业与中小企业之间搭建资源共享、互利共赢的孵化服务平台。常州国家高新区通过天合光能等龙头企业的带动组建各类公共技术服务平台 68 个，在资源共享、科技引入、人才支持、产品技术创新、智能制造发展、供应链物流融合等方面实现与中小企业融通发展，孵化了一大批"专精特新"中小企业。

六、清理拖欠中小企业账款

常州市成立市清欠工作领导小组，统筹协调推进清欠工作开展，按照"属地管理、分级负责"的原则，指导督促相关部门和辖市（区）及时开展清欠工作，形成全市统一部署、部门分工负责、审计同步核查的清欠工作机制。近年来，共清欠中小企业账款 370 笔，清偿率 100%。

七、运行监测和研判

建立中小企业生产运营监测分析系统，探索利用大数据等手段开展中小企业运行监测分析。及时了解新常态下中小企业生产经营情况，准确把握中小企业运行和发展中面临的突出困难与问题。目前，共动态监测884家中小企业。同时，对全市400多家市级以上"专精特新"企业进行专项统计，监测分析企业生产经营情况；重点对"专精特新"企业开展资源集约利用综合评价，并进行能耗分析和提前预警；科学掌握"专精特新"企业运行发展动态，定期发布企业相关指标完成情况报告，并对企业运营状况进行跟踪分析。

八、优化生态服务

2021年12月初，常州市成立了全省第一家"专精特新""小巨人"创新联盟（图5-11）。联盟由市工信局指导，以国家级平台大连理工江苏研究院为牵头单位，从推动政策宣讲与落实，增进融通与经验交流，突出要素集聚与整合，辅助战略规划与咨询，支持技术攻关与升级，强化专利运用与创造，扩大人才引进与培养，加快智造赋能与转型，助力创新管理与发展，促进产业协同与协作等10个方面全方位为"专精特新"企业提供优质服务。目前，联盟已经免费为省级以上"专精特新"企业提供了"一对一"的专利诊断白皮书，受到广大企业的好评。联盟理事长单位大连理工江苏研究院有限公司的"博士吧中小企业科技服务超市"，为企业提供科技成果

图 5-11 常州市"专精特新""小巨人"企业创新联盟成立大会

转化、校企联合技术攻关、产业技术人才培养、科技企业孵化培育、综合科技等服务，累计服务企业 1 000 余家，近 3 年"智改数转"技术服务累计超 8 000 万元。与企业共建研发实体 20 余个，引入学校技术团队 50 余个，开展技术转移、开发、咨询、服务项目 150 余项，承担各级科技、人才和平台类项目 50 余项，培养硕士学位人才 400 余人，转移转让技术 20 余项。开发"博士吧全国科学家大数据平台"，面向企业提供科研项目、专利、中英文论文等各类资源检索，可查询国家重点研发计划、国家科技重大专项、863 计划、973 计划、国家科技支撑计划、国家自然科学基金项目等，精确对接到高校专家教授，涵盖 13 个一级学科、111 个二级学科。辅助企业联合技术攻关，与易电行、天正工业、万帮数字能源、江苏凯特等行业领军企业合作建立联合创新中心;与鑫源盛德、中科摩通等中小企业建立技术成果转化中心。设立种子基金、创业基金等,投资在孵企业;为企业组织投融资对接,2017—2021年共为企业募集资金超过4 200万元。

第六章

智改数转——常州智造的新动能

"智改数转"——智能化改造和数字化转型,是制造业与自动化、数字技术全面融合的过程。

第一节　智改数转赋能常州制造

智能制造是制造强国建设的主攻方向,其发展程度直接关乎制造业的质量水平。近年来,随着云计算、大数据、人工智能等新一代信息技术迅速发展,由智能制造带来的产业变革正在蓬勃发展,进而重塑制造业发展路径、技术体系和产业形态。当前,各地都在抢抓数字经济发展机遇,并将数字化、网络化、智能化作为制造业转型升级的关键支撑。制造业企业也积极响应国家制造强国和网络强国战略,把握数字化发展机遇,积极推进"智改数转",为产业高质量发展注入新动能。

"智改数转"本质上就是制造业与自动化、数字技术的有机融合(图6-1)。企业以"数据驱动型决策"模式运营,形成自动化数据链,推动生产制造各环节高效协同运转。

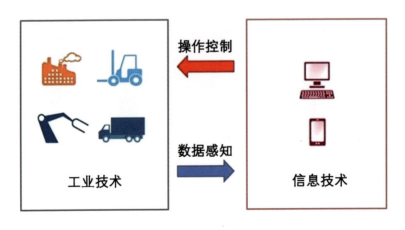

图6-1　"智改数转"示意图

企业通过"智改数转"可以统筹产业链要素，重构组织架构和业务流程，完成全链路的资源整合，进而驱动企业研发、生产、经营、管理、服务等全方位转型升级，提高企业经济效益或形成新的商业模式。世界经济论坛发布的《第四次工业革命对供应链的影响白皮书》指出，在不考虑金融影响的前提下，数字化转型将对企业产生积极影响：使制造业企业成本降低17.6%、营收增加22.6%；使物流服务业成本降低34.2%、营收增加33.6%；使零售业成本降低7.8%、营收增加33.3%。

"智改数转"不仅有利于推动企业科技创新，提升企业的竞争力，更有利于赋能企业绿色发展、拥抱国家"双碳"目标，支撑创新型国家建设。

常州以深化新一代信息技术与制造业融合发展为主线，以智能制造为主攻方向，以工业互联网创新应用为着力点，在制造业领域加快实施"智改数转"，全面提升数字化、网络化、智能化水平。重点聚焦十大先进制造业集群，构建虚实融合、知识驱动、动态优化、安全高效、绿色低碳的智能制造系统。

一、工业互联网成绩显著

截至2021年年底，全市智能化、数字化"两化"融合发展水平总指数为112.9，总体发展水平处于江苏省前列。地区信息化发展总指数为100.25。全市重点企业关键工序数控化率达75%，经营管理数字化普及率达83%，数字化研发设计工具普及率达 88%。累计建成国家级智能制造示范项目 3 个；省级示范智能工厂 4 家、省级示范智能车间 165 个（数量列全省第三位）；累计培育市级智能工厂 11 家、市级智能制造示范车间 83 个、市级智能车间 346 个。创建省级工业互联网标杆工厂 13 家、市级工业互联网标杆工厂 10 家；3 项企业工业互联网创新成果入选工信部"2021 年工业互联网平台创新领航应用案例"。中天钢铁应用 5G+ 物联网技术，建设厂区一体化进出管控系统项目，打造全市首个 5G 智能园区，实施基于"5G+ 工业互联网"的优特钢制造项目，并成功入选工信部"5G+ 工业互联网"集成创新应用类项目。精研科技"5G+ 智慧工厂"获评第三届工信部"绽放杯"5G 应用征集大赛一等奖，也是江苏省唯一的一等奖。

二、能源互联网亮点突出

2021 年，常州企业所产太阳能电池转换效率居世界第一位，光伏支架出货量居全国第一位。常州是全国第一个开展分布式光伏发电市场化交易的试点城市。以天合光能（图 6-2）、亿晶光电、顺风光电为首的一批本地光伏生产企业在光电转换效率、电池效率、组件功率等方面不断刷新世界纪录，目前正积极向世界级能源互联网企业发展。引进时代新能源、中创新航、蜂巢能源、理想汽车等一大批重大项目，重点培育万帮新能源、苏文电能等本土龙头企业，集群规模迅速壮大。2 家独角兽企业，中创新航荣获 2021 年度中国产业最佳储能电池供应商奖，蜂巢能源在 2021 年成为全球首款

图 6-2　天合光能分布式能源

无钴电池走出实验室而实现量产的企业。

第二节　智改数转特色亮眼

"十三五"以来,常州聚焦市重点先进制造业集群和重点产业链,加快推动龙头骨干企业、中小企业、产业链"智改数转",夯实工业互联网平台、工业软件、智能硬件和装备、网络设施及安全等基础支撑,加大优秀服务商培育和典型案例推广应用力度,推动"智改数转"各项任务加快落地落实,取得明显实效。

一、龙头骨干企业引领效果强劲

常州在数控机床、纺织机械、仪器仪表等领域已形成一批国内外领先企业。五洋纺机的高效织造智能化经编生产线,成功打破了国外设备在该领域的垄断,成为全球行业单打冠军;埃马克机床排名全球前十位,制造水平达到国际先进。在智能网联汽车、智能工程机械和农业装备等领域已形成一批行业知名品牌。常林、小松、现代、柳工等企业已研发生产带有互联网接入功能的工程机械；常发农装、东风农机、正昌农机等已研制和销售一批上云农机装备。亚东集团打造了全国纺织行业首家以1∶1比例建设的互动交流"数字孪生工厂"（图6-3）。通过数字化技术，实现对工厂和车间的实时感知、分析和优化。项目以装备互联为基础，通过工业互联网平台的应用，赋能亚东工艺设计、样品试制、批量生产等业务流程，促进设备管理、能耗管理、质量管理、生产管控四大核心领域数字化转型。"数字孪生工厂"有效破解了传统印染行业面临的装备智能化水平低、数据孤岛化严重、维修成本高等痛点，解决了企业原材料、加工、贸易等环节上"各自为政"造成的成本高、能耗高等问题，工作效率提高了10%～15%。"数字孪生工厂"入选工信部"2021年工业互联网平台创新领航

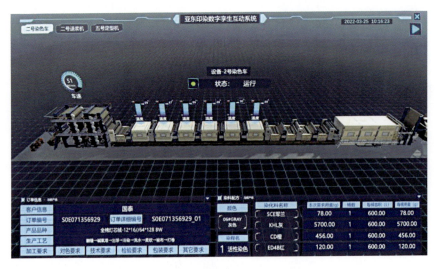

图6-3　亚东集团数字孪生互动交流

应用案例"。

二、中小企业"触网上云"全面开花

常州以工业设备和业务系统上云为突破口,大力推动企业应用低成本、快部署、易运维的工业互联网解决方案。到 2021 年年底,超过 1 万家企业、10 万台设备上云上平台,培育省级工业互联网发展示范企业(星级上云企业)938 家(数量列全省第三位),其中五星级上云企业 38 家(数量列全省第二位)。

五星上云企业常州康普瑞汽车空调有限公司(图 6-4)通过采用云服务的方式,实现了信息化运维成本以及设计、生产、销售、服务等环节运营成本的降低。服务器、存储、网络部署等硬件整套采购成本节约了 50%,平台能耗节约了 2/3,维护人员成本节约了 50%。基于云服务,综合运用数据采集与集成应用、建模分析与优化等技术,在产品设计、工艺、制造、检测、采购、物流等各环节实现了全面互联互通,产品生产流程信息可追溯,实现了企业资源配置优化与供应链可视化。设备发生异常后处置时间由原来的 2 小时缩短至 10 分钟以内;产品百万分之不良率由原来的 3 000 降至 100,有效提升了产品质量;库存周转率提升至 85% 以上,销售预测准确率从原来的 45% 提升至 94%,盘活库存并提高了销售预测准确率;库存数据与经销商库存互联,实现了跨区域系统数据共享,客户可实时查看生产进度,提升了客户满意度。

图 6-4 常州康普瑞汽车空调有限公司

三、工业机器人闪耀全球

机器人被誉为"制造业皇冠顶端的明珠"。2021年,常州工业机器人产业规模居全省第一位。常州是机器人特色产业基地、科技部机器人及智能装备创新型产业集群试点城市,集聚了50多家机器人和智能数控产业链规模以上企业。安川机器人在常州已形成年产3万台机器人的制造能力;快克智能装备股份有限公司开发制造焊接机器人,产量和规模已居世界同类产品第二位;铭赛机器人是目前国内重要的电子电声和制造业自动化解决方案企业(图6-5),2018—2020年每年保持50%以上的发展增速;金石机器人是国内最专业、最大的桁架机器人制造工厂之一;江苏华通焊业生产的无轨道爬行式机器人和轨道焊接机器人均属国内首创；征图新视是全球机器视觉龙头企业，为华为、苹果等公司供应视觉检测设备，在烟草分级等视觉检验领域具有一定的垄断地位；遨博协作机器人拥有完全自主知识产权，所有的关键部件、控制器、减速机、伺服电机实现国产化，质量指标达到世界先进水平，并通过欧洲共同体（CE）认证、北美国家认可实验室（NRTL）认证；2021年节卡机器人成为协作机器人行业首家通过3万小时MTBF（平均无故障时间）可靠性认证的厂商，在国内奶制品包装领域市场份额排名第一位；华数锦明在锂电池装配设备领域市场份额达到60%。

图 6-5　铭赛 MEMS 器件点胶机器人

四、重大智能装备研发保持优势

常州分行业梳理智能硬件和装备供给短板，支持企业研发智能制造设备，支持企业集成应用数字化技术对主要生产线进行智能化改造，提升核心装备和关键工序的数字化水平。

到 2021 年年底，累计认定省级智能制造领域首台（套）重大装备 160 项、市级 452 项，苏锡常首台（套）重大装备 20 项，承担省高端装备赶超工程 13 项（列全省第一位）。2021 年全市智能化装备产业规模达 2 610 亿元。

江苏恒立液压设计研发的挖掘机轴向重载柱塞泵高性能拟实数字试验台，实现了柱塞泵出厂测试与装机测试的无缝对接，有效提高了国产元件及系统出厂测试数据的有效性和公信力。试验台通过对挖掘机实际作业工况进行数字化拟实仿真，能对柱塞泵各项关键性能指标进行检测与分析，进而对柱塞泵进行设计、加工和改良，提升整机性能与使用寿命。在开发过程中，形成专利技术共计 15 项，获授权软件著作权 1 项，并获得 2021 年度江苏省首台（套）重大装备认定。该试验台的顺利开发，使恒立液压成为国内唯一能够全面自主生产挖掘机核心液压元件综合性能试验台的民族企业。

五、工业互联网平台集聚效应凸显

常州着力支持综合型、特色型和专业型工业互联网平台建设，推动平台汇聚工业大数据、工业手机软件和数字化转型解决方案等赋能资源。在培育天正工业、万帮数字、苏文电能等本土工业互联网平台的同时，成功引进航天云网、海尔卡奥斯、数码大方、中机云创等设立区域中心，建设大数据和工业云平台。到 2021 年年底，共培育 16 个省级重点工业互联网平台，全市重点企业工业互联网平台普及率达 38%。

"长三角区域一体化工业互联网公共服务平台"（图 6-6）

属于由工信部牵头建设的国家级工业互联网公共服务平台，项目总投资1.01亿元，项目实施周期为2年。建设任务包括制定区域数据互联互通标准、打造区域平台解决方案资源池、推进区域重点设备上云、建设区域一体化人才服务平台等。项目计划围绕建立区域一体化工业互联网公共服务平台，打造平台解决方案资源池，汇聚不少于100家平台供应商；推动区域经济、块状经济蓬勃发展，孵化一批隐形冠军和单项冠军企业；开展不少于500家企业的平台应用成熟度评价，不少于100家的平台测试服务；建设不少于2项区域数据一体化相关标准或规范，区域数据一体化标准在不少于100家企业应用验证；打造线上线下人才培训体系，为不少于2 000人次开展培训服务；区域解决方案资源池汇聚不少于500个解决方案。项目建成后将加快推进长三角地区新一代信息技术与制造业深度融合，服务制造业高质量发展，服务长三角产

图6-6　长三角区域一体化工业互联网公共服务平台

业协同转型升级，服务国家工业互联网应用型人才需求，促进区域一体化协同发展。

天正工业的 I-Martrix 工业互联网平台通过开放应用程序界面（API）和系列化微服务实现与上下游产品的无缝连接，给工业及数据用户提供端到端的高价值行业应用。平台主要面向机械设备、包装机械、激光设备、电机传动等，服务区域遍及江苏、浙江、上海、安徽、山东、河南等地的中小微工业企业，日均收集生产数据 1 200 万条，累计接入设备 56 000 台（套），服务企业 22 759 家。

六、软件产业特色化发展

常州列入工信部软件和信息技术年报统计的近 400 家重点软件企业中，超过 50% 的销售收入来源于直接服务制造业的工业软件和嵌入式软件。天地自动化、柳工、博瑞电力、梅特勒-托利多、恒立液压等一批工业企业嵌入式软件研发能力持续增强，将软件和硬件制造优势充分结合，取得了行业内领先地位。在工业软件领域，涌现出金蝶软件、博昊智能、奥比利、步云工控、首创高科、智控信息、霍思金等一批技术优势突出的企业，产品服务于各行业龙头企业。2021 年，全市软件和信息技术服务业完成业务收入 602.5 亿元，累计推广 288 个工业手机软件。

征图新视（江苏）科技股份有限公司是国内专业的机器视觉及自动化的完整解决方案提供商。公司开发的 FS-

AI Vision 工业缺陷自动检测软件，能够对印刷外观产品、手机零部件和各类金属等表面的各种瑕疵进行检测、定位和分类任务。FS-AI Vision 将深度学习技术与传统计算机视觉技术相结合，从图像数据处理到报表生成一键式完成，大大提高了工业产品的检测速度、准确率和稳定性。该软件成功应用于卷料印刷品视觉类自动检测设备、单张印品机器视觉双面无损检测设备、石墨烯薄片制品智能化视觉检测设备、3C偏光板智能无损视觉检测设备等产品中，填补了国内空白，各项技术性能指标均达到了国外同类产品的先进水平，打破了国内许多传统行业以人工肉眼检测分级的局面。主导产品市场占有率达到了33.5%，在行业内树立了一个技术领先的典范。

七、领军服务商水平不断提升

通过遴选建立"智改数转"生态资源池，鼓励引进优秀服务商，支持制造业龙头企业如中天钢铁、日盈电子、伟泰科技等剥离"智改数转"业务部门，成立独立法人。到2021年年底，达实久信中标国家级智能制造系统解决方案供应商项目，天正工业等12家企业（联合体）中标工信部工业互联网创新发展工程9项，累计培育省级智能制造领军服务机构18家、省级工业互联网资源池单位19家、市级"智改数转"服务商40家、市级工业信息安全服务商11家。

江苏达实久信医疗科技有限公司作为国内洁净数字化手术室行业龙头企业，率先将经营模式从单一的生产制造和工程承包向系统设计集成、交钥匙工程、全面解决方案转变,开发了系列手术室数字化医疗设备软件、手术室环境监控平台、手术远程协助系统等,实现了洁净手术室整体集成、工厂化全预制和数字一体化手术室智慧管理(图6-7),打破国外垄断,填补了国内空白,成功入选2021年国家级智能制造系统解决方案供应商。

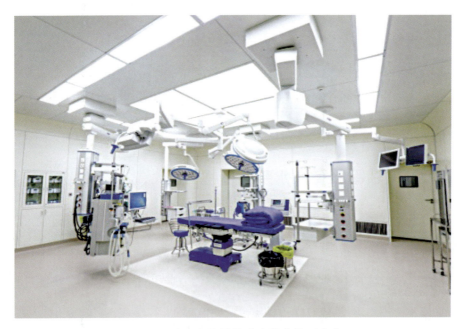

图6-7　达实久信整体洁净数字化手术室

八、工业互联网基础设施显著加强

常州下大力气加强工业互联网基础设施建设。到2021年年底,累计建成5G基站11 080座,5G基础建设总投资超30亿元。节点数量位居全省第二位,接入企业1 623家,标识注册量 16.38 亿个，解析量 5.2 亿次。

华利达是江苏省纺织服装行业首个二级节点正式上线的企业（图 6-8），通过开放的通用服装行业工业互联网标识解析二级节点公共服务，为纺织服装行业、企业、所有产品提供唯一的"身份证"，助力传统产业数字化转型，这标志着华利达正式进入全新的数字化时代。华利达二级节点平台 2021 年 4 月上线，向上对接国家顶级节点，向下对接企业节点及应用系统，至年底已经接入 508 家企业，标识注册量达到 6.6 亿个，标识解析量达 2.5 亿次，呈巨量增长状态，带动了大批产业链上下游企业共同参与标识产业生态建设，为纺织服装行业转型升级赋能。

图 6-8　华利达纺织服装二级节点上线仪式

第三节　智改数转的常州路径

常州"智改数转"取得的骄人成绩，离不开全市上下的共同努力。

一、构建高效工作机制

常州市出台了《常州市制造业智能化改造和数字化转型行动计划》，明确职责分工，梳理重点任务，分解长期和短期目标，形成工信部门牵头、多部门协调配合、各条线上下联动的工作机制。将任务清单以蓝皮书的形式下发至各辖市、区，进一步细化任务，强化责任。市工信局成立工作专班，按照"工作每周一清，内容每周一报"的要求，把任务目标分解细化成具体执行步骤，形成节点可溯、过程可控、成效可见的工作闭环，确保"智改数转"有序快速推进。

二、强化宣传，凝聚共识

召开政策宣贯会和主题培训会，开展政策解读与释疑、"智改数转"理念普及工作。制订全年宣传计划，推出《智改数转在身边》和《智改数转进行业》系列短视频，推动更多企业走上荧幕，展示典型做法和实施成效。如微亿智造的人工智能质检系统（图6-9）被中央电视台"新闻联播"节目重点介绍，引起广泛热议，形成了全市上下大力营造、共促"智改数转"的浓厚氛围，打响"数智先锋城市"品牌。

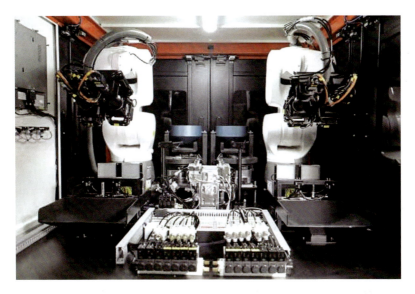

图 6-9 微亿智造智能质检技术和设备

三、完善务实政策体系

常州市出台的《关于促进产业高质量发展的若干政策》对"智改数转"加大资金扶持。启动"智改数转"免费诊断服务，通过政府购买服务的方式开展智能工厂（工业互联网标杆）、智能车间诊断和中小微企业数字化应用诊断，每年诊断服务覆盖 3 000 家企业。支持供应链级、行业级、区域级、"双跨"级工业互联网平台建设，对服务企业数超 500 家、连接设备数超 5 万台的平台和获评省级以上工业互联网示范试点的企业均给予一次性奖励。在标识解析方面，给予对接国家顶级节点的二级节点建设单位和先锋标杆二级节点运营单位及标识应用标杆企业不同额度的奖励。推出智能化技改项目补贴。对当年纳入市"智改数转"项目库且利用自有资金改造投资超1 000万元的制造业企业，按照智能化设备及工业软件投入不超过5%进行补助，最高200万元。推出"智改数转"专项贷，对获得专项贷款的企业，按照同期贷款市场报价利率（LPR）标准的50%给予贴息，单个项目最高200万元。大力支持企业争创各类标杆示范，健全激励机制，对揭榜国家智能制造示范工厂任务的企业给予一次性200万元的奖励。加大奖励力度，省智能车间的奖励金额从30万元提高到50万元，省级首台（套）和苏锡常首台（套）的奖励金额上限从500万元提升至1 000万元。支持服务商做大做强，对当年服务本地企业开票结算金额累计达到1 000万元以上或单个合同金额不少于30万元、服务企业数量不少于10家的服务商，按照订单开票结算金额的10%予以最高200万元的补助。

四、贴近需求，精准发力

利用制造业公共服务平台摸清企业数控化率、经营管理数字化普及率、数字化研发设计工具普及率，推动政策惠企，应给尽给。下发《关于征集企业"智改数转"诊断需求的通知》，精准摸排企业需求，按需供给；拟定诊断服务评标流程和评标办法，搭建"智改数转"诊断平台，用诊断标准保证服务水准，优化诊断流程，提高诊断效率与质量。召开云服务商发展大会，交流上云用云的经验和面临的问题，推动企业上云用云。发布《关于征集制造业智能化技术改造项目的通知》，广泛征集企业智能化改造项目。

五、搭建平台，绽放光彩

自2019年开始，常州已连续三届举办世界工业与能源互联网暨国际工业装备博览会（图6-10），创响了工业互联网和能源互联网"两张网"城市名片。世界工业与能源互联网暨国际工业装备博览会是在江苏省人民政府指导下，由常州市人民政府主办的，以工业互联网和能源互联网为特色的展会，被列入江苏省重点支持地方展会名录。博览会旨在贯彻落实制造强国、质量强国、网络强国、数字中国战略，为实现碳达峰、碳中和目标贡献智慧和力量，以数字产业化、产业数字化为主攻方向，发挥工业和能源互联网赋能作用，加

图6-10 世界工业与能源互联网暨国际工业装备博览会展厅

快建设国际化智造名城、长三角中轴枢纽，推动常州市乃至江苏省工业和能源互联网建设走在全国前列。博览会期间，工信部、国家能源局、省政府、航天科工、国家电网等省部级领导和央企领导参会致辞，近百名国内外院士在系列活动上发表主题演讲，数万名龙头企业家参会交流。博览会促进了工业和能源互联网高端产业从发达国家、国内一线城市向常州梯次转移，吸引签约项目近800个，涵盖高端装备制造、动力电池、5G通信、光伏新能源、工业互联网等多个领域，总投资超2 000亿元。常州紧紧围绕"国际化智造名城"的品牌打造，和国内外各大主流媒体合作，重点进行主题策划宣传，新闻舆论覆盖。《人民日报》、新华社、央视、《光明日报》、《新华日报》等中央、省、市主流媒体聚焦报道，发稿数8 000余篇，报道总流量突破3亿次，为推动常州市推进"智改数转"战略提供了有力的精神动力、舆论支持和信心保证，在城市美誉度上实现了新的突破。

面对"智改数转"的重大历史机遇，常州将持之以恒地推进智能化改造和数字化转型，推动制造业向产业链、价值链中高端攀升，进而把"数智先锋城市"的金字招牌打造得更加闪亮。

第七章
绿色发展——常州智造的主色调

"十三五"以来,常州市深入践行习近平生态文明思想,聚焦工业节能和绿色发展主战场,加强资源综合利用,加快产业结构转型升级,大力实施绿色制造工程,培育壮大绿色产业,着力构建高效、清洁、低碳、循环的绿色制造体系。

第一节 唱响主题曲——产业转型见成效

在双碳循环背景下,常州加快形成绿色发展方式,实施传统产业提升与新兴产业跃升"双轮驱动",以砸笼换绿、腾笼换鸟、开笼引凤之举护航高质量发展,推动产业调高调优调轻调绿。支持传统优势产业通过技术改造、数字化转型向价值链高端延伸,扎实推进钢铁、化工等重点行业结构调整,完成去产能、淘汰低端低效产能任务。积极主动抢占动力电池、碳纤维、新能源等新兴产业风口,培育工业和能源互联网、智能网联汽车等八大高成长性产业链,提高产业"含绿量""含新量""含金量",推动产业生态化、能源绿色化、城市电动化、生活低碳化,持续厚植常州现代化的绿色基底。

一、产业结构持续优化

常州市先后出台《供给侧结构性改革去产能的实施方案》《市政府办公室关于利用综合标准依法依规推动落后产能退出的实施意见》,贯彻落实《产业结构调整指导目录》和利用综合标准依法依规推动落后产能退出工作要点,依法依规关停退出能耗、环保、安全、技术达不到标准和生产不合格产品或淘汰类产能。深入开展化工产业安全环保整治提升行动,累计关闭退出化工生产企业 578 家,超额完成省下达的目标任务,推动城镇人口密集区危化品生产企业搬迁改造 44 家,长江岸线 1 km 范围内化工生产企业签约关停 31 家。印发《常州市印染行业发展规划（2020—2024年）》，规划建设3个印染集聚区，推进印染行业高质量发展。围绕推进核心技术自主化、产业基础化、产业链现代化，促进制造业向高端化发展。全市战略性新兴产业快速发展，总产值占规模以上工业的比例由34.3%提高到46.5%；高新技术产业不断扩容，产值占规模以上工业的比例由44.5%提高到48%。

二、节能降耗水平显著提升

"十三五"期间，常州通过推进节能技术改造以及强化清洁生产审核等工作，全面推动全社会节能减排，积极落实能源消费总量和强度双控，严格实施固定资产投资节能审查，控制新增项目用能水平。节能降耗成效显著，单位生产总值能耗下降20.55%，超额完成省下达的能耗强度降低率目标，能源利用效率得到稳步提高。推进能源审计和节能诊断工作，帮助企业发掘节能潜力，实现降本增效。5年来，推动能源审计252家，节能诊断47家，实施一批节能与循环经济重点项目，充分发挥项目示范和带动作用，安排各级资金共12 027万元，专项支持节能重点工作、能力建设和支撑体系建设等。组织开展燃煤锅炉、电机等重点用能设备能效提升工作，综合运用政策激励、节能执法和差别化电价等措施，支持近百台高耗能配电变压器进行升级改造，促使相关企业淘汰落后电机等高耗能设备2 020台，功率合计26 311 kW。关停中天钢铁、东南热电等一批燃煤机组，35 t/h以下燃煤锅炉均淘汰或用清洁能源替代，65 t/h以上锅炉均实现超低排放改造。建成投运大唐国际金坛燃机热电联产项目、华润钟楼天然气分布式能源项目等一批重点能源基础设施。

三、资源集约利用水平稳步提高

常州市明确"以亩产论英雄，以质效配资源"的导向，深度推进低效用地再开发，提高土地资源利用效率。出台了《关于开展工业企业资源集约利用综合评价工作的实施意见》和《常州市工业企业资源集约利用综合评价办法（试行）》，围绕亩均税收、亩均销售收入、单位能耗税收等核心指标，对规模以上工业企业和3亩以上的规模以下工业企业开展资源集约利用综合评价，纳入评价范围的工业企业26 298家，其中，A类企业5 862家，B类企业10 755家，C类企业6 165家，D类企业3 516家。建立完善差别化激励机制，以评价结果为依据，对A类、B类企业进行资源要素保障政策倾斜，鼓励企业扩大亩均效益；对C类、D类企业，实施差别化政策服务，通过强化要素资源倒逼，提升工业用地亩均产出。

在全省率先开展"危污乱散低"企业出清提升行动，制定《常州市"危污乱散低"企业排查指导性标准（试行版）》，倒逼落后园区和企业加强生产要素节约集约利用。新北区选取西夏墅镇印染工业园和春江街道百丈工业园，聚焦生态容量、规模总量、亩均产量、科技含量等指标，深入开展集中连片整治，打造集2.5产业、现代基础产业、文旅休闲为一体的产城融合创智区，对 28 家植绒印染企业开展专项检查，整改问题、隐患 226 个，原有项目拆除重建后进行绿色化、智能化改造。实施宋剑湖生态湿地改造提升三期工程，关停"危污乱散低"企业 7 家，腾空低效用地面积 2.3 万平方米，开展山水林田湖草一体化保护修复，入围江苏省首届"最美生态修复案例"。

四、污染防治攻坚成效显著

常州市坚决打好污染防治攻坚战。大力推进重点行业、工业炉窑、燃煤锅炉和扬尘污染整治，率先开展"武澄沙"重污染区域大气污染研究。狠抓挥发性有机物治理，推进原辅料源头替代，开展涉挥发性有机化合物（VOCs）集群企业排查整治工作。完成 2 745 家重点行业企业用地风险筛查和信息采集工作，首次绘制全市土壤质量"一张图"，有序开展土壤污染风险管控和修复，土壤环境质量总体保持稳定，处于清洁水平。扎实推进城镇污水处理提质增效攻坚行动，对进水浓度未达标准的城镇污水厂开展系统化整治。3 条入太湖河道水质明显变好，全部达到Ⅲ类水质标准。2019 年，常州市荣获全省生态环境系统综合考核优秀等次，被评为全国五个大气、水环境质量明显改善明星城市之一，同时受到国务院办公厅真抓实干督察激励。2021 年，全市空气优良天数占比为 76.4%，全市 $PM_{2.5}$ 浓度平均为 36 μg/m³。溧阳、金坛、武进、天宁等地的 $PM_{2.5}$ 浓度达到国家环境空气质量二级标准。

第二节 坚持主基调——绿色产业谱华章

"十三五"以来,全市大力推动绿色低碳产业高效发展,在节能环保、光伏、新能源汽车及动力电池、新型碳材料等多个领域形成集聚效应,并逐步探索氢能发展。

一、节能环保产业

常州市节能环保产业目前已形成一个示范区(武进区绿色建筑产业集聚示范区)、三个产业园区(常州国家环保产业园、静脉产业园、循环经济产业园)。其中武进区绿色建筑示范区是目前住建部唯一授牌的绿色建筑产业集聚示范区;常州国家环保产业园是中国环境保护协会指定的环保产业示范基地;静脉产业园是全国第二批餐厨废弃物综合处置试点城市重点项目,已建成日处理规模 $60\sim80\ t$ 的餐厨废弃物应急处理工程;循环经济产业园由江苏中再生投资开发有限公司投资建设,被列入国家第二批循环经济试点单位。

2021年,常州市共有300余家节能环保产业企业,产业规模615亿元;96家规模以上企业产值245亿元。企业主要分布于节能装备产品、环保装备产品、新型建筑材料、新能源产业、节能技术服务、资源循环利用产业6个领域,在工业节能、风能、污水处理、垃圾焚烧等领域具备较强的竞争实力,形成了光大环保技术装备(常州)有限公司、维尔利环保科技集团股份有限公司、江苏海鸥冷却塔股份有限公司、江苏绿和环境科技有限公司等一批规模较大、效益较好的产业骨干企业。

光大环保技术装备（常州）有限公司是光大环境旗下集研发、制造、销售、售后、总包服务为一体的一站式全方位环保装备产业服务商，拥有"固废无害化和资源化工程技术研究中心""餐厨垃圾资源化利用和无害化处理工程研究中心"等省级绿色研发平台。开展炉排片低镍绿色材料、低型砂排放低能耗绿色铸造工艺、烟气净化系统喷枪可回收性设计等绿色技术创新，研制国内首台（套）850 t/d 大容量垃圾焚烧炉（图7-1），形成生活垃圾焚烧发电一体化处理装备全生命周期绿色评价工具和标准。"生活垃圾焚烧发电一体化处理装备绿色设计平台"获国家绿色制造系统项目支持，并于2021年12月入选工信部、财政部等部门汇编的"绿色制造系统集成项目典型案例"。2021年三期屋顶800 kW光伏发电项目顺利并网发电，有效削减电力尖峰负荷，推动绿色集约发展，

图7-1 光大环保技术装备（常州）有限公司大容量垃圾焚烧炉

为助力"碳达峰、碳中和"起到良好的示范作用。

维尔利环保科技集团股份有限公司以渗滤液污水处理为起点,自2003年成立至今不断进行技术攻关,以创新和资本双轮驱动,全面布局城市环境保护、农业农村环境保护和工业节能环保三大领域。目前,维尔利集团在国内外已经建成和在建项目超500个,其中包括亚洲最大的垃圾渗滤液处置项目以及国内第一批通过验收的餐厨项目等多项行业标杆项目。自2011年维尔利集团在深交所创业板上市以来,共融资41亿元,迅速由垃圾渗滤液领域拓展到餐厨垃圾、工业垃圾等多个环保领域,企业资产在10余年间由2亿元裂变为100余亿元,公司市值达45亿元,成为我国环保产业的领军企业(图7-2)。

图7-2 维尔利环保科技集团废弃物收集、运输及综合处置项目

二、光伏产业

常州拥有光伏企业140余家，主要分布在新北区、金坛区和武进高新区三个重点产业集聚区，其中晶硅产业链规模以上企业49家，实现产值超600亿元。全市晶硅电池产量13.85 GW，晶硅组件产量18.26 GW。5家光伏组件企业位列国内组件出货量排名前15位，综合实力位居全省乃至全国前列。产业链条构建完整，覆盖单晶拉棒、多晶铸锭、切片、电池片、组件、逆变器、发电系统生产，具有单晶生长炉、单晶硅切割机床、单晶硅切方滚磨机床、多晶浇铸炉等设备制造以及石墨坩埚、银浆、光伏组件背板、光伏玻璃、蓄电池等生产配套能力。既有天合光能、东方日升、赛拉弗等晶硅电池和组件生产企业，也有亚玛顿光伏玻璃、裕兴背材基膜、斯威克EVA胶膜等专用材料生产企业，以及一批生产设备制造和电力装备配套企业。

常州亚玛顿股份有限公司是国内首家研发和生产应用纳米材料在大面积光伏玻璃上镀制减反射膜的企业（图7-3）。性能可靠的减反射膜有效提高了光伏组件的发电输出功率，产品技术处于行业领先地位。亚玛顿参与的"超薄玻璃物理钢化及超薄光伏组件制造技术及装备"项目荣获2020年度江苏省科学技术一等奖，这是常州唯一以第一完成人单位获一等奖的企业。项目突破了传统物理钢化玻璃的厚度极限，产出厚度不超过2 mm的超薄物理钢化玻璃，解决了化学钢化玻璃钢化寿命短、光学效果不佳、成本高、生产过程中环境污染等问题。亚玛顿将该产品有效地与光伏组件相结合,成功研发出使用1.6 mm钢化玻璃为基板的世界轻量化4 mm厚双玻组件,并正在进一步挑战3 mm厚超薄双玻组件。目前,亚玛顿正积极走出国门,奋力拓展海外市场,成为世界知名的光伏企业。

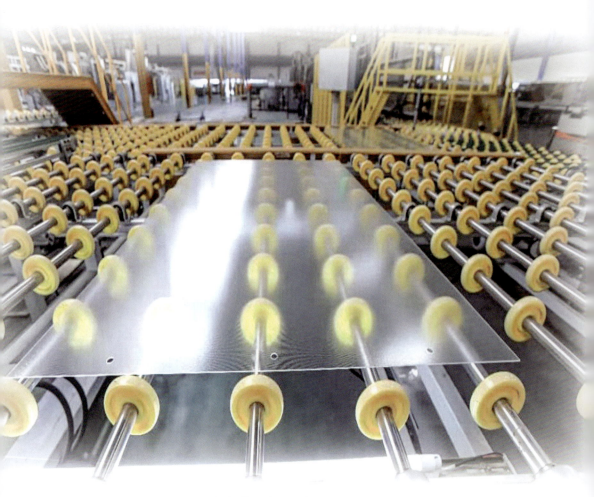

图7-3　亚玛顿超薄光伏玻璃获评工信部单项冠军产品

三、新能源汽车及动力电池产业

目前，全市拥有理想汽车等 5 家新能源整车制造企业，形成了较为完整的产业制造与创新体系。最值得自豪的是，常州已成为全国动力电池产业最大最完善的集聚区，综合竞争力位居全国首位，是新能源汽车产业强劲发展的"引擎"。全市动力电池已建和在建产能超 260 GW·h，居全省第一位。2021 年全市产、销量（含出口）分别为 65.9 GW·h 和 62.7 GW·h，均位居全国第一位；车用动力电池产量超 57 GW·h，国内装机量占比三分之一，列全国第一位。2021 年全球动力电池装机量前十名中，有宁德时代、比亚迪、中创新航、蜂巢能源等四家龙头企业布局常州。全市已集聚动力电池相关规模以上企业近 50 家，基本涵盖正极材料、负极材料、隔膜、功能辅材、电芯及系统、制造装备、检测认证等产业链关键环节。江苏时代已成为宁德时代总部以外最大的子公司，中航锂电、蜂巢能源分别跻身全国动力电池市场第三位和第六位。未来几年，常州将致力于打造国内领先、国际先进的动力及储能电池研发中心与制造中心，打造全球动力电池中心。

江苏时代新能源有限公司成立于 2016 年，位于江苏省溧阳市中关村科技园，占地面积 2 000 亩，人员规模 16 000 余人。作为宁德时代在溧阳的全资子公司，主要从事新能源汽车动力电池系统、储能系统的研发、生产和销售推广。公司与上汽集团、宇通集团、北汽集团、中车集团、东风集团、长安集团等行业内整车龙头企业保持长期战略合作。2020年12月，企业在溧阳再投百亿元，加强江苏时代产业园区建设，实施动力及储能锂电池研发与生产四期项目。2021年12月29日，江苏时代LY5&6首条线产品下线（图7-4），达产后可形成30 GW·h锂离子电池的年生产能力。该百亿项目从开工建设到首批产品下线，仅用363天。企业始终坚持创新发展、绿色发展、安全发展，加大科技创新力度，实现高质量发展，推动了全市动力电池及绿色储能产业集群的持续壮大。

图7-4　江苏时代LY5&6首条线产品下线暨量产仪式

四、新型碳材料产业

新型碳材料方面，常州除石墨烯、碳纤维复合材料产业全国领先外，碳基高分子材料产业的优势也十分明显。裕兴薄膜中厚型特种聚酯薄膜年产销规模近 50 000 t，国内市场占有率 25%；百佳年代已经成为国内领先的功能性薄膜生产企业之一，各类产品均在细分领域内具有独特的竞争优势；常州华日升的车牌级反光膜，应用于挂车、货车车身反光标识，危险品车标志及警车车徽等，国内市场占有率 65%；华润材料所生产的"华蕾"牌聚酯切片为业界领军品牌，年生产聚酯能力 160 万吨；天晟新材近年来的结构泡沫材料 Strucell 系列产品填补了国内空白。

特种碳基功能材料产业发展迅猛。江苏先诺高强高模聚酰亚胺纤维填补了国内外技术空白，达到世界领先水平；星源材质高效电池组及高密度储能元器件用高分子薄膜填补了国内技术空白，达到了美国、日本同类产品质量水平；龙腾光热在高温选择性吸收膜材料、玻璃管表面减反膜材料以及玻璃封接材料方面的技术水平在国内领先，被评为潜在独角兽企业；泛亚微透膨体聚四氟乙烯膜（ePTFE 膜）填补了国内空白，国内市场占有率达到 22%；新纶科技功能胶带是苹果公司在中国地区唯一供应商，锂电外包装材料——铝塑复合膜达到国际先进水平，填补了国内技术空白，国内市场占有率达到 70% 以上；朗博科技 JMP 品牌在汽车行业具有良好的信誉和较高的知名度，在汽车用橡胶密封件领域达到国际先进水平，生产规模和综合实力在同行业中处于领先地位。

五、氢能产业

氢能成为常州在新能源产业布局中的一大亮点。常州具备氢能产业所需要的装备制造能力和工业副氢的供应能力，与氢能源产业的发展有很高的重合度。氢气资源可利用空间大。中盐常化、宝氢天辰、新阳科技、新东化工可副产或者提纯氢气，初步统计每年氢气产量总计可达 2.79 万吨。装备制造形成初步成果。中车戚墅堰开发的国内首台最大功率氢燃料混合动力机车成功下线，设计时速达到 100 km。常州蓝博在氢气制取及提纯装备生产上具备一定优势；常柴股份结合自身优势积极谋求氢燃料电池发动机领域的转型发展。储氢研究取得重要进展。江苏集萃安泰创明在固态储氢方面技术基本成熟，已向永安行供应少量氢动力自行车；常州春华新能源自主研发的金属氢化物储氢项目获得江苏省高新技术产品称号。

2021 年 6 月，首台氢燃料混合动力机车在中车戚墅堰公司下线。这款机车功率 1 400 kW，为国内最大功率的氢燃料混合动力机车。机车设计时速 100 km，装用 12 瓶组、35 MPa 大容量高压储氢罐，满载氢气可连续运行 24 h，全过程零排放、低噪声，能够取代 80% 既有内燃调车机车，适用于冶金、石化、港口、地方铁路的调车和小运转作业。该机车装用的氢燃料电池为国内完全自主研发的产品，电堆功率同样为国内最大，功率可达 400 kW，寿命近 20 000 h。与传统燃油和电力机车相比，该机车不仅更加安全环保，而且运行噪声小、成本低，维护也更加便捷。该机车的应用不需要对基础设施进行电气化改造，可在既有轨道线路上运行。该机车的氢燃料电池系统集成技术，可用于在役内燃机车的升级再制造。

作为一家创新型高科技企业，永安行科技股份有限公司引领着行业新兴技术的变革，为"低碳环保，绿色出行"赋能。从2017年至今，永安行投入数千万元，组建了一支数十人的研发团队，花了4年时间研发氢能自行车及其系统，以及氢能自行车产业链（图7-5）。在知识产权方面，申请了50多项发明专利，目前已被授权的有20多项。永安行的全球首个"氢能自行车系统"，基本攻克了该领域氢能源的成本、能效转换、安全性这三大世界级难题。永安行通过自建太阳能发电站，再将电能供给制氢机，制氢机通过电解水的方式进行制氢，有效地控制了制氢成本，目前每千克约30元。通过自行研发并建设有自主专利的燃料电池生产线及低压储氢器，形成了标准化规模生产，不但让储氢压力由原先的 30 Mpa 下降到 2 Mpa，而且储氢器的容量也提高了40%，材料回收利用率可达80%以上，极大地提高了整车安全性。2021年12月，全球首个大规模"氢能自行车系统"在常州正式投运，首批1 000辆氢能自行车成为常州城市公共自行车、共享助力车系统的一个重要组成部分，这也标志着常州成为全国率先将氢能源成规模运用到公共交通的城市。

图 7-5　永安行氢能自行车

另外，在风能领域，目前常州风能产品涉及风电整机、电机、电缆、变压器、齿轮、齿轮轴、塔筒、底座、轮毂、叶片及填充料等，具备风能领域完善的零部件制造能力，主要产品有新创的碳纤维风力发电部件、天山重工的风电用大型精密齿圈等。在生物质能方面，常州已拥有悦达卡特新能源、方圆再生科技、光大环保技术装备等生物燃料和设备制造商。

第三节　奏响多重奏——打造绿色制造标杆

"十三五"以来，常州认真贯彻工业和信息化部制定的《工业绿色发展规划（2016—2020）》和《绿色制造工程实施指南（2016—2020）》，持续打造绿色制造先进典型，引领相关领域工业绿色转型，有效促进了常州市制造业高质量发展。截至2021年年底，全市已建设2个国家级绿色园区、27家国家绿色工厂、25家江苏省绿色工厂、63家常州市绿色工厂、3个国家绿色供应链管理示范企业、12个国家绿色设计产品。绿色制造体系初步形成。

一、国家级绿色园区建设

常州国家高新区是1992年11月经国务院批准成立的首批国家级高新区之一，是苏南国家自主创新示范区的重要板块。高新区积极落实绿色发展理念，加速产业创新发展，以构建绿色制造体系为主线，以制造业绿色改造升级为重点，提升能源利用效率和清洁生产水平，推进资源高效循环利用，促进企业提质增效和产业转型升级。"十三五"期间，每万元地区生产总值能耗累计下降约20%，空气优良天数等生态环境指标大幅提升。2020年长江大保护工作推动沿江地区2 000亩土地连片覆绿。2018年获评国家级绿色园区。2020年，常州国家高新区实施创新驱动发展战略、培育发展战略性新兴产业、生产性服务业发展3项工作成效明显，获省政府真抓实干督查激励。在国家级高新区综合排名中再提升一位，跻身全省第三位；位列"2021年中国工业百强区"第十七位。

江苏省中关村高新技术产业开发区成立于2012年3月，是由中关村科技园区管委会和常州市人民政府合作设立的园区，规划面积118.08 km^2，是中关村在北京市外设立的第一家实体化运作的高新技术产业园（图7-6）。近年来，中关村高新区在绿色园区建设工作上狠下功夫，以保护生态环境和提高绿色发展竞争力为主线，力争在全国产业园区中树立绿色发展标杆，积极推动绿色产业发展，提高现代服务业产值比例，形成了动力电池、输变电产业、高端装备制造、汽车及零部件四大主导产业。江苏中关村高新区蝉联省级高新区榜首，被评为国家级绿色工业园区，入选江苏省储能产业产学研协同创新基地、省级华侨华人创业创新服务中心、省先进制造业和现代服务业深度融合试点、省智能电网产业集群融合试点。

图 7-6　江苏省中关村高新技术产业开发区

二、国家级绿色工厂建设

格力博（江苏）股份有限公司始建于 2002 年，发展至今已成为以自有品牌销售为主、全球领先的新能源园林机械生产企业（图 7-7）。公司旗下拥有 2 个整机装配厂、4 个零部件配套厂，产品远销美国、加拿大、澳大利亚、日韩以及欧洲等国家和地区，5 000 余名员工遍及全球，现拥有国内外专利 848 项（其中发明专利 64 项）。公司自成立以来，累计投入千万元资金对设备设施不断进行升级改造，年节约 3 500 t 标准煤，实现年碳减排 10 500 t，为国家实现碳减排的总体目标贡献了力量，获得"国家绿色工厂"称号。

图 7-7　格力博（江苏）股份有限公司生产车间

中盐金坛盐化有限责任公司是国家食盐定点生产企业（图7-8），产品有散湿盐、食用盐、造粒盐、金属钠盐、肠衣盐、液体盐等。公司多年来积极探索中国盐业现代转型发展的创新模式，加快产品升级和结构调整，坚持走资源循环化的发展之路。经过多年的改革发展，公司已在技术、管理、科研、文化、市场竞争力等方面形成显著的优势，对中国制盐业的技术引进与革新做出了积极贡献，成为国资委和中盐集团认可的全国盐行业的标杆企业和制盐行业首家高新技术企业。公司引进国外先进的真空制盐技术和机械热压缩（MVR）制盐技术，每年可节约超3万吨标准煤，制盐综合能耗水平达到国际先进、国内领先。循环利用水资源，每年可节约新水量超700万吨。开发双膜法精制生产液体盐技术，每年可节约标准煤约16.5万吨。公司被评为"国家绿色工厂"。

图7-8　中盐金坛盐化有限责任公司

常州旭荣针织印染有限公司成立于 2002 年 11 月，总投资 3 398 万美元，主要经营高档针织面料，是阿迪达斯、迪卡侬、安踏等著名品牌的运动服饰面料供应商。公司始终把环境保护和资源能源节约纳入企业总体发展战略，实施了新型染料替代、定型机尾气净化、污水废弃净化、中水回用、太阳能预热水、生产工艺优化、使用节能高效的生产设备、智能制造设备更新等一系列改善措施。公司坚持以环保、节能、最适化为目标，大力推行"三大一小"（大研发、大营销、大数据、小生产）的发展模式，逐步形成以高科技含量、高附加值、低能耗、低污染、自主创新能力为核心的绿色制造体系。公司获评"国家绿色工厂"。

三、国家级绿色供应链管理示范企业建设

晨风集团成立于 1967 年，以生产加工丝绸服装起步，坚持"企业集团化、生产规模化、经营国际化、产学研一体化"的发展战略，已拥有金坛、昆山、宿迁、泗洪、泗阳五大服装生产基地和常熟、宿迁两大麻、棉类纺织生产基地，柏明（BLOOMING）等自主品牌在全国多地设有店铺（图 7-9）。晨风集团聚焦绿色可持续发展，积极开展国内和国际合作，成为签署联合国气候变化框架公约《时尚产业气候行动宪章》的首家中国制造企业，并提出 2025 年实现企业"碳中和"、2030 年实现产品零碳化的目标。晨风集团获评"国家级绿色供应链管理示范企业""国家级工业产品绿色设计示范企

图 7-9　晨风集团样品室

业""可持续时尚践行者""绿毯可持续供应链奖"等多项荣誉。

江苏南方通信科技有限公司创建于 1992 年，是一家集研发、制造、销售、服务于一体的有限责任公司。公司的主要产品为光缆。与中国电信、中国移动、中国联通等运营商，以及中国广电、高速公路、铁路、电力、智能楼宇、油田等用户建立了长期、良好的合作伙伴关系，建立了 21 个地区办事处，实现了产品销售、技术支持、售后服务的本地化和实时化。建立多个信息化管理平台，通过企业资源计划（ERP）系统与钉钉软件程序的通用性，无论是对于供应商还是无纸化办公，均实现绿色应用。近年来，南方通信授权技术专利 80 项，其中发明专利 18 项、实用新型专利 62 项。企业先后获评"国家级绿色供应链管理示范企业""国家级工业产品绿色设计示范企业""中国驰名商标""绿色设计产品"等荣誉称号。

第八章

生态优化——常州智造的孵化器

  常州市历来高度重视产业发展生态的建设和优化，努力打造一流的营商环境。2020年国家营商环境评价结果公布，常州市首次参评，即荣列国家营商环境标杆城市，综合成绩在全国80个参评城市中排名第二十位，在全省5个参评城市中排名第三位。俗话说："栽下梧桐树，引得凤凰来。"良好的营商环境是企业落地、产业发展最强的黏合剂。常州市在融资、人才、政务、法制、创新创业等方面做了很多有益的探索，进一步滋养常州智造的土壤，助力常州智造跃马腾飞。

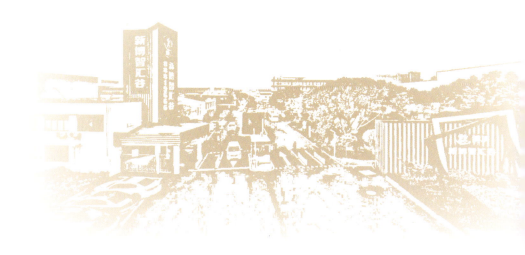

第一节　　产融合作——助推智造能级跃升

近年来，常州着力聚焦中小企业融资贵、融资难的痛点和堵点，不断完善金融政策、优化金融环境、提升金融服务，全面释放产融合作发展效能，为常州智造提供有力的金融支撑。

2021年年末，全市金融机构本外币各项存款余额13 929.6亿元，比上年增长11.0%；金融机构本外币各项贷款余额11 792.2亿元，比上年增长14.9%。其中，本外币制造业贷款余额2 202.46亿元，比年初增加346.63亿元，制造业贷款占比达18.68%，制造业贷款增量创历史同期新高。

2021年年末，小微企业贷款余额3 818.86亿元，比年初增长17.53%；贷款户数10.02万户，比年初增加2万户。全市普惠型小微企业贷款余额1 410.93亿元，比年初增长36.04%；普惠小微信用贷款余额达329.72亿元，比年初增长49.8%。2021年，全市新增"首贷户"企业6 418户，新增贷款7 561笔、金额361.16亿元，同比分别增加879户、435笔、111.66亿元。小微企业贷款总量和规模不断扩大。

2021年年末，全市大中小型企业贷款利率分别为4.28%、4.73%、4.58%，同比分别下降0.11、增长0.31、下降0.01个百分点。民营企业、普惠型小微企业贷款当年发放利率分别为4.16%和4.61%，比年初分别下降0.30和0.29个百分点。贷款利率再创新低。

一、完善金融政策体系，营造良好融资氛围

1. 强化政策导向

常州市先后出台了《关于进一步提升金融服务实体经济高质量发展的意见》《关于切实加强金融支持制造业发展的实施意见》《常州市关于促进科技金融结合加快科技型企业发展的若干意见》《常州市民营企业融资会诊帮扶实施方案》，进一步落实产融结合相关措施，构建政府、金融部门、企业三方联动与合作机制，引导各类金融机构高效、精准对接中小企业的融资需求。

2. 深化金融顾问服务

常州市组建了 47 人重大项目金融顾问团、55 人明星城市金融顾问团、168 人中小企业金融顾问团等多层级金融顾问队伍，共为 11 030 家企业提供走访服务 16 159 次，累计新增贷款规模达 2 200.6 亿元。推广使用金融顾问手机软件，打通金融活水流向实体经济的最后一公里。

3. 发挥服务平台功能

金服平台在全省率先建成"常州金融发布""常州信保"等特色模块，开设线上"科技金融路演中心"，构建"平台+银行+创投+各类服务机构"的一站式服务体系。常州市综合金融服务平台已有注册企业 49 061 家，累计发布各类金融产品 434 项，企业发布融资需求 27 007 项、累计金额 1 062.63 亿元；金融机构解决企业融资需求 22 404 项、累计金额

836.69亿元,在线申贷获得率达82.96%。

常州通过企业征信平台,建立企业征信大数据。平台总入库数据量超3.6亿条,累计查询量超35万余次,接入各类数据源单位21家。研发征信金融产品,充分利用常州企业征信平台的数据资源,通过信用评分与授信模型相结合,推出小微企业纯线上信用贷款产品"常信贷"(图8-1),6家试点银行产品上线,3 305家企业获得"常信贷"信用贷款22.5亿元。

图8-1 小微企业"常信贷"业务启动会

二、深化财政金融协同,创新金融赋能产业新模式

1. 创新金融产品

推出"普惠融""成长贷""创业贷""创新贷""苏微贷""高企贷""税信贷""常科贷"等上百种金融产品,提高制造业信贷比例,优化不动产融资抵押,增加权益类质押融资,稳

定产业链资金信贷保障。"苏微贷"是常州市财政局、工信局、农业银行常州分行合作推出的面向小微企业的一款额度高、担保轻、利率低、期限长、速度快的政策性融资产品,按风险补偿资金规模的 10 倍向小微企业发放贷款。自 2016 年推出以来,累计入库小微企业 1 640 家,存量贷款余额达 21.2 亿元,累计发放贷款 67.5 亿元。

2. 聚焦重点企业

扩大对初创、小微、创新型企业金融支持。设立创业贷款担保基金,对初创企业给予贴息支持。设立"成长贷",为"小升规"(小微企业上规模)工业企业、专精特新"小巨人"企业、"工业+互联网"等企业累计发放纯信用贷款 306 笔,贷款金额 9.31 亿元,贷款利率低至 3.85%,惠及企业超 200 家。设立"首贷融",为首次贷款的小微企业提供增信,累计为 204 家企业发放贷款 285 笔,金额达 7.81 亿元。创设"创新贷",面向高新技术、科技创新型企业,对科技信贷"白名单"内企业给予 2 个百分点的贷款贴息和 2 000 万元以内的贷款风险补偿。同时开展政策性纯信用融资担保业务,担保费不超过 1%,给予融资担保公司最高 1% 的担保费补贴,为创新型中小企业提供政策性转贷服务,单设创新企业专项转贷资金,转贷业务费率下降 50%。

3. 发挥信保基金品牌效应

出台《常州市中小微企业信用保证基金管理暂行办法》,

整合设立常州市中小微企业信用保证基金,充分发挥财政资金增信和风险保障作用,与47家金融机构合作,按照"1+N"模式,加大对中小微企业信贷支持。中小微企业信用保证基金规模达10.52亿元,信保基金项下13只产品累计为23 591家企业发放贷款993.20亿元。

第二节 人才引育——保障产业发展第一要素

功以才成,业由才广,人才是发展的第一资源。多年来,常州大力实施人才强市发展战略,人才队伍量质齐升,产才融合提速增效,人才生态提档升级,呈现了"天下英才汇龙城,创新创业在常州"的生动局面。以"龙城英才计划"为引领,构建了上下贯通、有序衔接的高层次人才引育体系,全市人才总量达145万人,449人入选省"双创人才",30个团队入选省"双创团队",过去5年引进博士1 300多名、硕士1.7万名,每万名劳动者中高技能人才数连续8年列全省第一位,绘制了全国首张地市级人才地图。全市领军人才企业达2 967家。

一、优化人才政策,全方位多层次引进人才

1. 推出政策组合拳,深化人才制度改革

制定出台《关于进一步深化"龙城英才计划"改革创新的意见》《关于在十大领域打造"龙城英才计划"升级版的实施意见》《关于大力助推"明星城"建设强化高质量发展人才

引领的实施意见》《关于支持企业家创新创业服务民营经济高质量发展的若干措施》《"常商服务卡"实施办法(试行)》《常州市"常商服务卡"实施办法》等一系列引才、育才、养才激励政策和改革措施,加快集聚战略人才、产业人才、青年人才,为常州智造注入鲜活血液。

2. 实施人才招引工程,壮大人才队伍

开启新时代"人才长征"。举办"名城名校合作行 创新创业赢未来"活动(图8-2)。市四套班子领导带队赴重庆、武汉等14座城市、26所高校,发布岗位1.36万个,达成就业意向4 386人,产学研对接30场,引进各类人才10万人以上。

图8-2 "名城名校合作行 创新创业赢未来"成都站活动

举办首届全球人才云聘会、"常州国际创客周"、高校校友会引才论坛、高校辅导员常州行、引凤工程创新营、创业之桥——第十八届海外人才常州创新创业洽谈会等活动,组织承办了第九届江苏省人才创新创业大赛。通过系列活动推动落实国家海外人才计划,江苏省"双创人才""双创团队""顶尖人才"等项目,壮大领军型创新创业人才队伍。

国家重大人才工程 A 类专家赵善麒在常州市创办的江苏宏微科技股份有限公司,是我国在功率半导体器件领域最早研发出大功率超快速软恢复外延型二极管(FRED)芯片和 1 200 V/1 700 V 大功率绝缘栅双极晶体管(IGBT)芯片的企业(图 8-3)。这标志着我国新型电力半导体器件从此走上了产业化的道路,打破了我国电力电子系统与装置对国外产品的长期依赖,增加了我国整机产品在国外市场的竞争力。2021 年,宏微科技在科创板挂牌上市,成为全市第四家上市的人才企业。

图 8-3 江苏宏微科技生产的 FRED 功率半导体芯片

3. 强化人才服务,优化人才生态

建立完善市四套班子领导联系人才、相关部门联系人才企业等工作制度,30名市领导联系63名各类优秀人才,23个市相关部门联系服务69家领军人才创业企业。精准助力引才用才留才。持续开展向全市民营企业家"送政策、送温暖、送服务"和"送服务、解难题、办实事"活动,走访超11 500家企业负责人,累计向825名优秀民营企业家发放"常商服务卡"。

加大力度建设人才公寓,为人才提供设施齐全、安全便利的居所。截至目前,全市人才公寓已建成3万余套。"三年免费入住"成为聚才爱才的闪亮名片。

开辟设置常州人才政策一码通现代化信息推介手段,创新推进手机短信的政策定向宣传推送。提升人才金融服务水平,创新推出"龙城英才金融卡",新组建龙城英才科创苗圃投资基金,龙城英才参股合作人才基金总规模达17.06亿元,人才贷发放贷款超过4亿元。

二、实施民营企业家队伍建设"百千万工程"

企业家队伍是产业人才体系的领头羊,常州连续实施两轮民营企业家队伍建设"百千万工程"(图8-4)。完成对全市100名以上领军型企业家、1 000名以上成长型企业家和10 000名以上企业经营管理人才开展系统化、高端化、精准化培训的目标任务。自2017年9月以来,"百千万工程"共开办

3个"领军型企业家"培训班、18个"成长型企业家"培训班、38个"经营管理人才"培训班,累计对5 779人进行系统培训,举办"民企管理升级"系列公益培训160场次,非公经济代表人士及民企中高层经营管理人员累计2.4万人次参加。

图8-4 民营企业家"百千万工程"2021年开学仪式

1. 精心设计顶层规划

出台"百千万工程"专门文件,建立"百千万工程"联席会议制度,全面协调推进"百千万工程"的各项目标任务;建立经费保障制度,两轮"百千万工程"共安排专项补贴资金1 800万元。着力培养一批具备国际视野、战略思维、资本运营、产业升级、管理创新能力的标杆性、代表性企业家。

2. 精心组织、稳步实施

依托工商联工作体系,召开工作推进会,梳理40余项工作清单指导基层逐项分解落实。对接市场主体实际需求，与上海交大安泰学院、市委党校、在常高校等开展全方位合作，共商最佳教学内容、服务方案、产学研工作构架。加大"百千万工程"宣传力度，送政策、强沟通、扩影响。编制下发《"百千万工程"项目招生手册》及《常州市民营企业家队伍建设"百千万工程"十问十答》；分类制作"百""千""万"学员招生简章；在《常州日报》等主流媒体以及各类自媒体开设专版专栏。

3. 细心服务、加强保障

量身定制各项服务机制，建立教学督导机制、班级管理机制、学员互访机制、后勤保障机制、增值服务机制。下发督导分工方案，对口督导相关班级；编制《班主任工作手册》和《学员手册》，加强每期课程线上线下常态化沟通；开展交流、观摩、路演、座谈等多种学习方式，营造良好学习氛围；妥善安排学员上课、就餐、休息等，保障安心学习环境。

三、加强职业培训，培育"技工型"人才

1. 完善政策出真招，真金白银全覆盖

出台《常州市职业技能提升行动实施方案（2019—2021年）》《常州市职业技能培训补贴实施办法》等文件，实现了培训补贴政策的全覆盖：补贴范围再扩大，首次将职业院校在校生纳入职业技能培训补贴范围；补贴工种再扩容，将职

业技能等级认定试点单位涉及的 31 个职业（工种）纳入补贴范围，补贴工种从原先的 48 个扩容至 79 个，基本涵盖了常州现代制造业急需的主要职业（工种）；补贴标准再提高，以二类工种为例，初级工、中级工、高级工补贴分别由 900 元、1 200 元、1 400 元，提高至 1 200 元、1 800 元、2 400 元，平均增幅达 54%；补贴力度再加码，将企业在岗职工参加职业技能初级工、中级工培训的补贴比例，从 50% 提高至 100%。

2. 搭建平台出实招，培训经办全链条

常州市职业技能培训云平台 2019 年 7 月正式上线运行，成为省内首个覆盖技能培训全业务的"互联网＋职业技能培训"平台。接入培训机构 70 多家，覆盖电工、焊工、钳工等 50 多个技能培训工种、3 类创业培训、岗位提升培训项目。平台实行学员认证实名化，便于培训学员报名、考勤、结业等。信息对接精准化，劳动者在需求方面与培训机构高效对接，集聚社会分散培训，实施精准有效的职业技能培训。实现培训鉴定一体化，与技能鉴定证书库互联互通，实时获取国家职业资格证书或技能等级证书号信息，改变了以往培训和鉴定"两张皮"的局面。自平台上线以来，已有 70 余个签约培训机构的 6 000 多个班期通过云平台申请开班备案，共有 15 万名学员通过云平台报名参加培训。

3. 应对疫情出巧招，技能培训不断线

开发了"线上线下双模班"学习模式。疫情期间，有

8 000多人自主线上学习职业技能,线上学习平台的功能得到充分发挥。截至目前,已开职业技能、大学生就业创业、电脑与IT、语言培训等84门公开课程和17个专业(工种)的学时课程,共计培训超2 000人次。

第三节 法制护航——切实维护企业合法权益

一、强化制度建设,建立公平法制保障

制定发布《法治常州建设规划(2021—2025年)》《常州市法治社会建设实施方案(2021—2025年)》《关于实施法治服务实体经济创新发展十大专项行动的意见》,依法保护各类市场主体地位。认真落实保障各种所有制市场主体地位的相关法律法规,实现市场主体诉讼地位平等、法律适用平等、法律责任平等。

全面清理不利于民营经济发展的法规规章和规范性文件。认真落实国务院、省政府办公厅《关于做好证明事项清理工作的通知》,清理地方性法规、政府规章和规范性文件设定不合法的各类证明事项,梳理相关法律法规约150余部。强化公平竞争审查机制,杜绝违法增设不利于产业发展的行政许可、行政处罚、行政强制等条款,制定重点领域涉企常用行政处罚自由裁量标准和免罚清单共295项。

二、规范执法监督，营造公正法制环境

坚持公正文明执法。全面推行行政执法公示、执法全过程记录、重大执法决定法制审核"三项制度"。大力推行综合执法、柔性执法、说理执法、文明执法，慎用查封、扣押、冻结等措施，坚决避免"一味处罚，一罚了事"，以及对市场活动的过度干预。推动创新监管模式和执法方式。积极运用大数据、云计算、物联网等信息化手段，探索实行"互联网+监管""物联网+监管"新模式，为中小企业创业创新发展提供宽松的发展环境。

坚持公开执法监督。全面公开行政执法部门权责清单，解决行政执法"不作为""乱作为"问题。加强和改进中小企业产权保护领域行政执法和刑事司法衔接工作，健全知识产权"两法衔接"工作机制。对涉及工业企业的行政复议申请办理工作，抓紧审理，及时办结。拓展创新公证、仲裁等工作。

三、全方位、多渠道开展法律护企服务

加大法治宣传力度。常态化开展"法律进民企、进商会、进工商联"系列活动，紧扣"4·26"知识产权日、宪法宣传周、农民工学法活动周等重要节点，集中开展普法宣传活动，组织开展依法经营管理、安全生产、经济产权保护、风险防控等专题的"以案释法"讲座，提高企业生产经营者和企业员工遵法学法守法用法的针对性和实效性。

深入开展"百所帮千企""产业链+法律服务"等专项行动。按照1∶10的比例组织律所与企业"结对子",为1 000家以上中小民营企业开展免费的全面法治体检。推进上市（拟上市）企业法治护航工程,召开上市（拟上市）企业法治护航服务对接会。着力打造生命健康产业园"产业链+法律服务"联盟、石墨烯小镇"产业链+法律服务"联盟、动力电池"产业链+法律服务"联盟等一批具有产业优势的"产业链+法律服务"联盟。开展十大法律服务团"法企同行"行动,建立健全重大项目（十大产业链）、资本市场、"一带一路"、企业兼并重组、知识产权保护、小微企业、商会、台企（侨企）、突发事件应对等十大法律服务团运作机制,不断增强民营经济法治获得感。

健全并完善立体式、便捷化的法律服务平台。加强12348公共法律服务热线平台建设,实现请律师、办公证、求法援、找调解、寻鉴定等与民营经济密切相关的服务事项在网络平台一站式办理。特别是充分发挥常州市非公经济法治护航中心功能作用。多部门联合建设的常州市非公经济法治护航中心,是全国首个专门服务非公经济的实体平台（图8-5）。平台打造了4支跨行业、多领域、专业化的服务队伍,组建了140名司法、行政执法、法律服务人员构成的普法讲师团,邀请60名司法、执法行业骨干组成维权服务团,聘请40名法学专家、政法专家设立专家咨询团,成立由50名知名法官、检察官、警官、律师组成的法律产品研发团,全方位发挥保驾护航的作用。

图 8-5 常州市非公经济全生命周期法治护航中心获奖证书

第四节 政务改革——增强企业获得感、满意度

常州市持续推动政府职能转变,深化"放管服"改革,优化营商环境,以提升企业群众获得感、满意度为导向,聚力"一网三通五办"建设,全力打响政务服务"畅通办"品牌。

一、高标准建设政务服务平台

1. 服务标准全覆盖

建立完善了包含通用基础、服务提供、管理标准和岗位工作等四大类政务服务标准体系,形成了全面覆盖行政审批、公共资源交易、公共服务、"互联网+政务服务"等各业务领域的2 522项标准。

2. 服务事项全入库

推动政务服务事项、服务指南全流程规范化、标准化,梳理行政权力事项8 041个,公共服务事项43 603个。清理规范涉审中介服务,涉及13个部门49项中介服务事项;深化办事指南"六统一",涉及24个业务部门189项公共服务事项;加强"证照分离",实现清单管理,形成5张清单;推进证明事项告知承诺制,推动第一批10个部门52项告知承诺证明事项落地落实。

3. 平台服务全面一体化

建成全省第一个纵向贯通市、县、镇、村四级,横向联通市级47个部门的在线政务服务平台,共对接系统30余个,覆盖政务服务事项50 320个,部门覆盖率100%。政务数据共享交换平台建成5大库,归集数据435类16.5亿条,全市98.12%以上的行政权力事项提供在线服务,实现了360个事项全流程网上办、500多个事项移动办、90余个事项自助跨区域可办、53个事项长三角"一网通办"、182个事项就近能办,网上政务服务走在全省前列。

二、创新服务模式，提升服务效能

1. 持续提升服务能级

实现服务门户、事项管理、身份核验、电子印章、电子证照、公共支付、快递送达、咨询投诉、服务评价的"九个统一"。支持电脑端、移动端、线下大厅、自助终端多种服务方式，形成"掌办优先、网办为辅、窗口兜底"多端服务格局，全市99%的政务服务事项可在线办理，400多个事项实现移动可办，190余个事项实现自助跨区域可办。

2. 持续优化服务模式

上线政务服务地图，随时查询全市各级政务服务大厅、政务服务便利站和政务服务自助机等1 000余个政务服务网点。创建"秒批秒办"在线政务服务新模式，率先推出"秒批"业务和17个"秒批"事项。设立"VR云勘察系统"，累计办理150余件。实施"跨域通办"改革，落实全市"省内通办""跨省通办"，第一批可实现事项76个。创新创优"一企来"惠企服务，畅通面向常州642家重点民营企业的热线绿色通道。加强"一门一窗"建设，建立企业服务专区，强化企业全生命周期分类"一站式"服务，为企业涉税、基础设施报建等提供便利。

3. 提高涉企服务效率

升级江苏政务服务网常州旗舰店，实现企业登记、信息变更、公共资源交易、质量监督、股权出质等多项服务集成。

建设苏政50条、小微企业和个体工商户政策、新政策速兑和帮代办服务、助企纾困等服务专窗,创新"政策一键通"服务,推动实现国家、省、市各级各类涉企政策集中对外发布、一端申报,实现"政策一键查、兑现一网办",截至2021年年末已推送政策超过43万次,惠及2.5万个企业用户和4.28万名创业者。

4. 融入长三角一体化

通过全程网办、异地代收代办、多地联办三种方式,推进实现了100个事项全市通办,110个事项长三角"一网通办"(图8-6),111个事项跨省通办。创新审批改革,提升项目推动力。规范公共资源交易服务,创新推行"标准地+承诺制"改革,连续刷新项目建设"新速度"。特雷克斯项目成为全省首个"两验合一"审批项目,中新智地项目领取全省首张集体土地乡村建设规划许可证,小牛电动项目实现"拿地即开工"。

图8-6 "一网通办"线下服务窗口

第五节　创新创业——助力小微企业提档升级

常州市加快构建覆盖广泛、功能多样、协同共享、服务规范、优质高效的中小企业服务体系,助力小微企业创新创业,做优做强。

一、扎实推进中小企业公共服务载体建设

常州市指导小微企业"双创"基地、中小企业公共服务平台建设,聚焦服务智能制造、"智改数转""专精特新"等发展重点,争创国家级、省级示范平台和基地。截至目前,已培育中小企业公共服务示范平台40个,其中国家级示范平台2个,省级四星级示范平台8个,三星级示范平台30个;培育小微企业"双创"基地25个,其中国家级"双创"基地3个,数量与南京并列保持全省第一位,省级"双创"基地22个。大连理工江苏研究院有限公司的博士吧中小企业科技服务超市、常州创业投资集团有限公司的创新创业服务平台被评为国家级中小企业公共服务平台;常州市武进绿色建筑产业园、常州三晶小企业创业示范基地、常州五星智造园被评为国家小微企业创新创业示范基地。

苏州火炬创新创业孵化管理有限公司是一家全国闻名的创业服务机构。自2015年以来已在常州发展了新博智汇谷等5个直营园区和1个委托运营园区,引入中小微企业约600家,并创建2个国家级科技企业孵化器、1个国家级小微企业创新

创业基地、1个全国百强特色空间。企业入驻期间，园区为企业提供包括人才、资金、政策、资源、信息等全方位的增值服务，帮助企业解决各类创业问题。举办了智能制造大赛、博济大讲堂、博济成长杯、火炬海纳计划、博济企业家沙龙、高校专场招聘会、银企对接、企业门诊等上百场助企服务活动。已培育龙城英才企业14家，高新技术企业8家，高新企业入库8家，科技型中小企业32家，省优秀大学生项目8项，企业获得融资金额约6 000万元。2021年度五星智造园、新博智汇谷（图8-7）、富都江南新经济产业园三个科技园区总产值近20亿元，税收约6 000万元。

图8-7　新博智汇谷孵化园区

常州创业投资集团管理运营的常州市创新创业服务平台（图 8-8）重点打造政策服务、金融服务、商城服务、交易服务四大特色服务板块，促进精准施策，实现 24 小时"不见面""无纸化"项目申报。截至 2021 年 12 月底，平台累计完成融资、交易项目 79 062 项，融资、交易总额 4 337.71 亿元。累计入驻投融资及中介服务机构 915 家，注册会员 197 994 家。上线各类融资产品 161 个，财政涉企资金申报 1 357 项，共计服务 6 431 家企业完成涉企项目"不见面"申报。促成中国科技金融促进会财经专家工作委员会、常州市智能制造产业协会、常州市工业互联网产业协会等 9 个协会及联盟成立；促成"高磁通电机项目""电致调光膜"等 12 个优质项目入选常州市"龙城英才"计划并签约落户；与常州慧谷产业园、常州三晶科技企业孵化器、江苏理工学院等 11 家园区和院校共同搭建园区双创服务平台，努力为中小企业创新发展注入新的活力。

图 8-8　常州市创新创业服务平台

二、不断优化科技创业孵化器建设

至 2021 年年末,全市建有市级以上科技创业载体 295 家。其中,市级以上科技企业孵化器 135 家(国家级 27 家、省级 34 家);市级以上众创空间 114 家(国家级 14 家、省级 64 家);市级以上科技企业加速器 46 家(省级 9 家,加速器只有省、市两级,科技部目前未开展国家级认定)。2021 年,省级科技企业孵化器绩效评价中,常州市共有 7 家孵化器获评 A 级,29 家获评 B 级;市备案创业孵化类科技创业载体(孵化器、众创空间、加速器)的绩效评价中,共有 56 家载体参与,31 家获评 B 级以上。

江苏津通信息技术孵化器以"现代服务业带动先进制造业"的服务模式,为企业提供从孵化到中试再到产业化的创业环境和成长条件,包括生产性服务、生产要素公共支撑服务、公共技术支撑服务、投融资服务、信息化服务和创业辅导服务,帮助企业实现运作的扁平化,降低运作成本,提升运行效率。成功孵化江苏久创电气科技有限公司、江苏托特斯科技有限公司、常州泓准达电子科技有限公司等高新技术企业 64 家,累计引进了 320 多名海内外高层次领军人才,集聚了一大批拥有领先技术和产业前景的人才项目,13 家企业入选江苏省"双创"企业,常州艾卡新材料科技有限公司、常州正合医疗科技有限公司、常州坤维传感科技有限公司等 18 家企业入选"龙城英才"企业。

三、举办创新创业大赛，激发企业创新激情

常州市连续三年精心组织参加"创客中国"江苏省中小企业创新创业大赛。2019年，常州烯奇新材料有限公司"石墨烯改性电子浆料"项目获得"创客中国"江苏省中小企业创新创业大赛（创客组）一等奖。2021年，常州市共推荐了45个项目参加区域赛，6个项目入选全省决赛，入选数量列全省第三位，常州同惠电子在省决赛中获一等奖。成功举办第六届市创新创业大赛，4个项目入围第十届"中国创新创业大赛"全国总决赛，4个入围"创新创业50强"，创历史最佳成绩。其中鑫瑞崚新材料公司"基于半导体大规模集成电路之7N级超高纯铜电子材料研发"项目，获得全国创新创业大赛总决赛成长组一等奖，为常州市首次。

第九章
展望未来——常州智造的新辉煌

2021年是党和国家历史上具有重要里程碑意义的一年。全国人民隆重庆祝中国共产党成立一百周年,在实现第一个百年奋斗目标之后,开启了向第二个百年奋斗目标进军的新征程。这一年,常州上下坚持新发展理念,构建新发展格局,步入新发展阶段,高质量发展取得新成效,实现了"十四五"良好开局。常州工业经济发展再上新台阶,工业开票销售收入达1.7万亿元;工业经济高质量发展不断深入,制造业增加值占地区生产总值的比例达41.5%,入库税收占比达46.5%,分别高于全省平均水平5.7个、4.7个百分点。高新技术产业产值占规模以上工业的比例达到48%。目前,常州市位列中国先进制造业百强市榜单第十六位。2022年6月,上海交通大学中国发展研究院和搜狐城市联合发布《中国大城强城指数报告2022》,常州跃居第十位。

成绩只能说明过去,不能代表现在和将来。当前,世纪疫情冲击猛烈,百年变局加速演进,俄乌战争导致外部环境更趋复杂严峻和不确定。李克强总理代表国务院在十三届全国人大五次会议上作政府工作报告时,向全国传递了正视困难、坚定信心的信号。虽然全国经济发展面临需求收缩、供给冲击、预期减弱的三重压力,但我国经济韧性强、长期向好的基本面不会改变。2022年,常州将从上至下深入贯彻全国"两会"精神,落实中央经济工作会议要求,坚持稳中求进工作总基调,完整、准确、全面贯彻新发展理念,统筹疫情防控和发展,统筹发展和安全,持续强化创新驱动,积极保持经济健康稳定运行,全面推动高质量发展,以高昂的精神面貌迎接党的二十大胜利召开。

第一节 "532"战略引领更高层次发展

2021年9月,常州市委、市政府在中共常州市第十三次代表大会上正式提出在"十四五"期间大力实施"532"发展战略:明确要"加快建设长三角交通中轴、创新中轴、产业中轴、生态中轴、文旅中轴;高标准打造长三角产业科技创新中心、现代物流中心、休闲度假中心;不断提升城乡融合发展示范区、统筹发展和安全示范区建设水平"。"532"发展战略擘画了常州市"十四五"发展的指导思想和宏伟目标。10月常州市召开"532"发展战略推进大会,进一步统一思想、凝聚共识,动员全市上下迅速把力量凝聚到"532"发展战略的推进上来,提出通过着力壮大先进制造业集群、发展战略性新兴产业集群、推动产业数字化转型等方面建设结构优化、产业高端的现代化常州,建强高层次产业体系,打造长三角产业中轴,加快建设国际化智造名城。11月正式印发《关于大力推进"532"发展战略的实施意见》,明确总体要求、基本原则、重点项目(工作)和任务分工。12月,市委十三届二次全会再次提出了"坚定不移强产业,推进高质量发展。坚持把发展经济着力点放在实体经济上,坚定不移推进工业立市、制造强市、质量兴市,提升产业基础高级化、产业链现代化水平,提高经济质量效益和核心竞争力"的新要求。

为贯彻"532"发展战略,2022年正月,常州召开全市产业发展大会(图9-1),以新春"第一会"的形式强势传递"重振产业雄风,再创城市辉煌"的目标。这次大会的主要目的是:全面落实"532"发展战略,坚持制造立市、产业强市、质量兴市,加快打造长三角产业中轴,奋力建设国际化智造名城。这为"十四五"期间乃至今后相当长一段时期常州工业经济发展定了主基调。

图 9-1　全市产业发展大会

产业发展大会研究出台了《关于促进产业高质量发展的实施意见》和《关于促进产业高质量发展的若干政策》等一系列文件(图 9-2)。明确"十四五"时期安排 500 亿元以上政策性资金,撬动 8 000 亿元以上社会资本投入产业发展;提出"十四五"时期常州产业发展 10 个方面的主攻方向和 36 项具体举措;聚焦产业发展亟待突破的重点领域和关键环节,展现 7 个方面 30 项具体支持政策。更加注重引导实效,加大"智改数转""专精特新"等方面的政策引导，突出彰显产业特色、壮大智造实力。

图 9-2　关于促进产业高质量发展的文件

第二节　"十四五"规划描绘美好蓝图

为深入贯彻落实"532"发展战略，重振产业雄风，再创龙城辉煌，常州市注重顶层设计，强化规划引领，聚焦智能制造，锚定了崭新的发展目标。

一、产业发展方面

坚持智能制造，融合发展。2025年实现工业规模总量超2.5万亿元，制造业增加值占全市生产总值的比例要稳定在

43%左右，技改投资占工业投资的比例达60%。百亿以上工业企业（集团）达30家。推动企业在规模、"专精特新"、上市等方面取得新突破，创新水平各项指标高于江苏省平均水平，工业化和信息化深度融合发展，制造业数字化转型全面推行，规模以上企业制造装备智能化水平大幅提升，绿色制造体系更加完善，制造业能源利用效率进一步提高，绿色发展、本质安全水平显著提升。

二、科技创新方面

智能制造离不开科技创新赋能。"十四五"时期科技创新发展目标明确：到2025年，创新发展体制机制建立完善，创新实力大幅提升，创新效率快速提高，创新辐射效应显著增强，城市创新能力指数力争进入全国同类城市前列。实现辖市、区省级以上高新区全覆盖。全社会R&D（Research and Development，科学研究与试验发展）经费支出占地区生产总值的比例达3.5%，高新技术产业产值占规模以上工业总产值的比例达50%，万人高价值发明专利拥有量达19件，科技进步贡献率达70%以上。产业技术创新水平大幅提升。全市拥有（潜在）独角兽企业50家，瞪羚企业500家，高新技术企业8 000家。省级以上重大科技创新平台120家，其中国家级平台20家，突破产业重大关键共性技术200个，实施投资超5 000万元的重大科技成果转化项目150个。招引领军型创新创业人才2 000名、外国高端人才和专业人才2 000名，领军型创业人才项目1 000个、众创人才项目4 000个。2025年，科技服务业总收入将达到 1 500 亿元，技术合同成交额达到 280 亿元。

三、开放型经济方面

以国内大循环为主体、国内国际双循环相互促进的新发展格局将是"十四五"时期我国经济社会发展的主基调。充分把握并融入这一大势，常州智能制造的发展才能事半功倍。常州将聚焦新格局，促进内外联动；聚焦新蓝图，集聚国际资源；聚焦高质量，塑造开放品牌；聚焦新动能，深化制度改革；聚焦国际化，优化营商环境。"十四五"期间累计实际到账外资 150 多亿美元，力争占全省的份额进一步提升，位次进一步前移。持续提升利用外资质效，制造业实际利用外资占比保持 50% 以上，先进制造业产业集群项目和战略性新兴产业项目利用外资比例有所增加；每年引进总投资超 3 亿美元以上重大外资项目不少于 5 个，超 5 亿美元、超 10 亿美元外资重大项目取得新突破；新增一批世界 500 强、地区总部及功能性机构。"十四五"期间累计进出口总额 1 800 亿美元，占全省的份额进一步提升。围绕先进制造业产业集群建设，打造一批优势产业出口集群和出口品牌，形成若干年出口规模超 10 亿美元、5 亿美元、3 亿美元的出口基地和出口企业。至 2025 年累计拥有本土跨国经营企业 200 家以上，实现跨国并购 50 例，发展境外合作园区 3 家。新增 1～2 家国家级开发区，新增 2～3 家省级开发区，开发区在全省排位总体稳中有升。各级各类开发区产业集聚度和集约发展水平进一步提升，力争全市开发区实际到账外资、规模以上工业主营业务收入、公共财政预算收入占全市的比例分别超过90%、75%和60%，开发区新增协议外资3 000万美元以上的制造业项目占全市的90%以上。

四、金融发展方面

经济是肌体，金融是血脉，两者共生共荣。"十四五"时期常州金融业要努力实现以下主要目标：金融综合实力再上新台阶。预计到2025年年末，全市金融业增加值达到850亿元，占生产总值的比例达到8.5%；全市存量社会融资规模达到3万亿元，直接融资占社会融资规模的比例高于全国、全省平均水平；金融机构本外币存贷款余额分别突破18 000亿元、15 000亿元，年均增长9%以上；全市银行业金融机构不良贷款率控制在1%以下。到2025年年末，全市各层次资本市场上市（挂牌）公司总数超过1 000家，其中境外和境内主板150家、新三板200家、区域性场外市场1 000家。服务实体效能不断提升。制造业贷款、普惠型小微企业贷款连年实现"两个不低于"目标（即增速不低于各项贷款平均增速、增量不低于上年同期），增速继续保持全省前列。注重支持小微企业、城乡居民创业创新，降低其融资难度与融资成本，为常州智造不断注入金融血液。

五、生态环境保护方面

绿色可持续发展是制造业转型的重要方向。坚持绿色引领，源头治理。将碳达峰、碳中和目标纳入生态文明建设总体布局，将生态环境保护主动融入经济社会发展全过程，坚定不移地走生态优先、绿色低碳的高质量发展道路。到 2025 年，环境质量明显改善。主要污染物减排完成省下达的目标。空气质量全面改善，细颗粒物（$PM_{2.5}$）浓度达到 $35\,\mu g/m^3$，优良天数比例达到 80.5% 以上，基本消除重污染天气；水环境质量稳步提升，水生态功能初步得到恢复，国家地表水考核断面达到或优于Ⅲ类水质的比例达到 80%。全市生态文明建设实现新进步，美丽常州展现新面貌。积极推进长江经济带绿色发展示范试点建设，持续放大"一江一河四湖五山"自然资源优势，建成通江达湖、连山接水、特色鲜明、普遍赞誉的长三角生态中轴。

第三节　开启常州智能制造 2.0 时代

重振产业雄风，再创智造辉煌。常州既有凌云壮志，更有踏实决心。着眼长远，立足当下，重点推进七个方面的工作，开启智能制造 2.0 时代。

一、加速提升产业集群发展能级

深耕实体经济，加快提升产业集聚发展水平，坚持"链式"发展，推动地标产业强链、新兴产业拓链、未来产业建链，打造高端高质高新的硬核产业集群。加速壮大十大先进制造业集群，打造一批领跑全国乃至全球的产业标杆。到 2025 年，培育 3 个以上规模超 3 000 亿元的产业集群，高端装备集群突破 6 000 亿元，新能源汽车及汽车核心零部件集群突破 4 000 亿元、绿色精品钢集群突破 3 000 亿。加速发展新兴产业，聚焦集成电路、机器人、智能网联汽车等八大高成长性产业链，鼓励技术自主和模式创新，争创国家级战略性新兴产业集群，到 2025 年，八大产业链总规模超 6 500 亿元。前瞻布局未来产业，在人工智能、细胞治疗、超材料、无人驾驶、元宇宙等前沿领域，组织实施未来产业孵化与加速计划。围绕重点集群发展，坚持重大项目招引，加快引进一批旗舰型、龙头型、基地型项目，加快布局一批强链、补链、延链的产业化项目，引育一批增长潜力大的科创项目，落地一批"小而优""小而美""小而强"的优质项目。深耕服务型制造业发展，引导企业围绕工业设计、定制化服务、供应链管理、总集成总承包、共享制造、检验检测认证和全生命周期管理等重点领域，探索"产品＋服务"和"制造＋服务"发展新路径，助力制造业企业向高附加值攀升。

二、全方位发力制造业"智改数转"

贯彻《江苏省制造业智能化改造和数字化转型三年行动计划（2022—2024 年）》精神，综合运用免费诊断、投入补助、贷款贴息等方式，引领企业加速"智改数转"，推动规模以上工业企业全面实施"智改数转"。深化云计算、大数据、人工智能、5G 等新技术与制造业融合，推动工业互联网创新发展，促进产业链、供应链、价值链升级。到 2025 年规模以上工业企业基本实现数字化转型，推动2万家企业"上云上平台"，建成智能制造先行区。依托制造业领军企业打造具有国际影响力的工业互联网平台和智能制造公共服务平台，大力培育双跨、行业级工业互联网平台，支持企业加快将研发设计、生产制造、运营管理等核心业务向云平台迁移。加快培育数字化解决方案提供商，鼓励技术领先的企业走出厂门、输出方案、制定标准，构建数字驱动的工业新生态。努力将常州打造成为智造技术创新策源地、示范应用集聚区、关键装备和解决方案输出地。

三、加快建强"雁阵"型企业梯队

不断做强龙头企业，实施"登峰计划"，对营业收入首次超1 000亿元、500亿元、100亿元的企业，结合技术创新、绿色发展、产出效益等指标，分别给予相应奖励，力争到2025年实现本土企业"世界500强"零的突破。持续推动企业走"专精特新"发展之路，打造一批专注细分市场、创新能力强、质量效益优的"专精特新""小巨人"和市场占有率高的"单项冠军"。到2025年新增省级以上"专精特新""小巨人"超350家，其中国家级100家，国家制造业单项冠军企业（产品）50家。力争进入"专精特新""小巨人"30强城市。大力培育高新技术企业，到2025年突破8 000家。深入实施上市企业倍增计划和上市后备企业"双百"行动，加速锻造一支竞争力强、知名度高的上市企业"联合舰队"，到2025

年上市企业超过150家。支持小微企业发展壮大，对新评定的规模以上企业，按照当年对地方贡献增量部分给予奖励。到"十四五"末，规模以上工业企业达到7 000家以上。

四、深层次激活科技质量动能

完善技术创新体系，推进国家、省、市三级企业技术中心、工程研究中心、工程技术研究中心及院士工作站和博士工作站等研发机构建设。打造高端创新载体平台，全力建设"两湖"创新区、中以常州创新园、智能制造龙城实验室等高端创新载体平台，培育省级制造业创新中心、产业创新中心和技术创新中心，在智能装备、动力电池、石墨烯、碳纤维、太阳能光伏等领域争创国家级创新中心。推进关键核心技术攻关，滚动编制攻关清单，支持龙头企业牵头组建新型研发机构和产业技术创新联盟，协同突破"卡脖子"难题。强化人才引育，针对"高精尖缺"和"卡脖子"领域引进全球顶尖战略科学家；实施"青春留常"计划和青年人才居住生活"双资助"政策，加快建设长三角青年创新创业港，涵养高校引人育人"蓄水池"；深化国家产教融合试点，深入开展技能人才培训和新型学徒制培养工作，培育高水平"龙城工匠"，造就一支有理想守信念、懂技术会创新、敢担当讲奉献的产业工人队伍。开展工业产品质量提升行动，推广复制先进经验，对新获评"中国质量奖"和"中国工业大奖"等各类奖项的企业予以重奖，打造质量标杆。实施标准领航工程和品牌发展战略，鼓励行业领军企业主导或参与国际标准、国家标准、行业标准的制定，培育领航标准产品，争取行业发展的话语权；引导企业培育一批驰名商标、名牌产品。

五、切实筑牢绿色安全发展防线

加快传统产业绿色转型，注重从末端治理向源头治理转变，鼓励和支持企业推进绿色化改造和重大节能环保装备（产品）产业化，支持企业实施循环经济、清洁生产项目。大力建设工业绿色制造体系，培育一批低碳园区、零碳工厂，对新获评国家、省级绿色产业基地、绿色园区、绿色工厂等示范单位，分档次给予奖励。要抢占绿色低碳产业新赛道，持续推动光伏、动力电池、储能、新能源汽车等产业加速发展，强化政策支持，确保走在前列。压实企业主体责任，防范和化解各种风险挑战，系统提升安全水平。提高资源集约利用水平，积极推广工业用地新模式，深度推进低效用地再开发，提高土地资源利用效率。建立完善差别化激励机制，依据工业企业资源集约利用综合评价结果，依法依规实施用地、用电、用水、用气、排污等资源要素差别化政策，加大对优质园区和企业的激励力度，深化"危污乱散低"出清提升行动，倒逼落后园区和企业加强生产要素节约与集约利用。

六、创新推动产融深度结合

优化财政支持方式，统筹市级各类产业专项资金，加大对十大先进制造业集群、八大高成长性产业链的投资支持力度，加快龙城金谷发展，鼓励各类基金参与产业类新项目招引。强化并购基金支持，发挥龙城科创母基金引导作用，与国内外知名投资机构合作，协同常州市产业龙头企业，设立总规模超 50 亿元的市场化并购基金，支持企业通过并购重组做大做强、补链强链。扩充信保基金规模，健全"基金＋担保＋银行"共担风险机制，缓解中小企业融资难题，鼓励融资担保机构发挥融资增信作用，为符合条件的中小企业提供转贷服务，优先为市级以上"专精特新"企业提供政策性担保和转贷服务。支持企业股改上市，加强对企业进入辅导备案，在北交所、上交所、深交所以及境外主流市场申报和上市等方面的引导与奖励。

七、多维度打造优质发展环境

营造公平竞争的市场环境，促进各类市场主体依法平等参与市场竞争。推进数字政府服务转型跃升，将常州"政企通"打造成为企业线上服务总入口，为企业全生命周期提供服务。提升政务服务水平，围绕"投资建设"和"市场准入"两大领域，设置"专项一窗"，为重大项目、"专精特新"企业等提供"一窗办理"集成服务；设置"一件事""一网通办""小微企业和个体工商户"等特色专窗，为中小微企业提供更加优质高效的服务。强化土地要素保障，每年供应 10 000 亩以上的建设用地用于工业项目，重点保障重大项目、先进制造业、现代服务业、上市公司再融资项目和重点上市后备企业的用地。加快重点产业、重点领域人才集聚,旗帜鲜明地扶持独角兽企业和隐形冠军,支持高新技术企业壮大发展。实施民营企业家队伍建设"百千万工程",给予优秀企业家工作生活便利。建设高端装备制造和其他新兴产业特色专项公共实训基地,为产业工人提升技能水平创造条件,提供相应补助。

展望"十四五",城市之间的竞争已经重归产业主赛道。距离"万亿GDP之城"仅一步之遥的常州,正蓄势待发,乘势而上,谱写"常州智造"2.0乐章,重振产业雄风,以冲刺姿态跨越万亿台阶,在现代化建设新征程中,再创龙城新辉煌!

参考资料

［1］佚名.40沧桑看巨变之常州工业·轨迹[EB/OL].（2018-05-07）[2022-04-06].http://www.changzhou.gov.cn/ns_news/536153205329640.

［2］佚名.诉说，生生不息的常州工业故事[N/OL].常州日报，2019-10-08[2022-04-06].https://epaper.cz001.com.cn/site1/czrb/html/2019-10-08/content_308455.htm.

［3］张步东，翁丽娟.常州工业发展档案史料选编[M].南京：凤凰出版社，2018.

［4］中共常州市委 常州市人民政府.关于印发《常州市工业智造明星城建设三年行动计划（2020—2022年)》的通知：常发〔2020〕18号[A/OL].（2020-08-24）[2020-10-14].http://www.czqsxh.com/nd.jsp?id=941.

［5］常州市工业和信息化局.关于印发《关于推进高质量工业智造明星城建设的若干政策》的通知[A/OL].（2021-03-24）[2022-04-06].http://www.zhenghe.cn/ZCT/PolicyDetail/f51bca67367f4f7b8f6d8322b7408358.

［6］常州市人民政府办公室.市政府办公室关于印发《常州市推进中国制造2025苏南城市群试点示范建设三年实施方案》的通知：常政办发〔2017〕133号[A/OL].（2017-07-31）[2017-08-06].http://www.changzhou.gov.cn/ns_news/774150286385996.

[7] 江苏省人民政府办公厅.省政府办公厅关于印发江苏省"十四五"知识产权发展规划的通知:苏政办发〔2021〕58号［A/OL］.（2021-11-18）［2022-04-06］.http://www.czic.org/PortalWeb/CZInfoCenter/detai?Id=2972.

[8] 常州市市场监督管理局 常州市财政局.关于印发《2022年常州市质量强市奖补资金申报指南》的通知:常市监〔2022〕7号［A/OL］.（2022-02-24）［2022-04-06］.http://scjgj.changzhou.gov.cn/index.php?c=phone&a=show&id=21700&catid=13717.

[9] 常州市人民政府办公室.常州市进一步深化质量强市工作的决定:常政办发〔2017〕8号［A/OL］.（2017-01-09）［2022-04-06］.https://wenku.baidu.com/view/a245a1bd3069a45177232f60ddccda38376be1e0.html.

[10] 常州市市场监督管理局.常州市"十四五"市场监管规划［EB/OL］.［2022-04-06］.http://scjgj.jiangsu.gov.cn/attach/0/b19b1be45c974b3684649e1dab5d51e6.pdf.

[11] 常州市人民政府办公室.市政府办公室关于印发《常州市"十四五"科技创新发展规划》的通知:常政办发〔2021〕121号［A/OL］（2021-11-17）［2021-12-10］.http://www.changzhou.gov.cn/ns_news/202164300605284.

[12] 中共常州市委 常州市人民政府.关于创新驱动高质量发展的实施意见:常发〔2021〕1号［A/OL］.（2021-02-19）［2022-04-06］.https://jlzx.jspc.org.cn/CMS/c-8062.

[13] 常州市人民政府办公室.关于印发《常州市加快培育发展"专精特新"中小企业行动计划》的通知:常政办发〔2022〕10号［A/OL］.（2022-01-28）［2022-02-07］.https://www.smejs.cn/

qqpolicy_show.aspx?id=1dda8d779fd140d787f77efa4eea7c5c.

［14］中共常州市委办公室　常州市人民政府办公室．市委办公室　市政府办公室印发《关于促进产业高质量发展的若干政策》的通知：常办发〔2022〕1号［A/OL］．（2022-01-30）［2022-04-06］．https://www.cgbiia.com/king2081/vip_doc/22750440.html．

［15］常州市人民政府办公室．关于促进常州市中小企业健康发展的实施意见：常政发〔2018〕1号［A/OL］．（2018-02-19）［2022-04-06］．http://www.zhonglou.gov.cn/html/czzl/2018/QOQMPMFM_0219/196252.html．

［16］常州市委统战部．常州市委市政府出台《加快民营经济高质量发展三年行动计划（2020—2022年）》［A/OL］．（2020-08-20）［2022-04-06］．http://tzb.changzhou.gov.cn/html/tzb/2020/EBEAJPQN_0820/16074.html．

［17］常州市工业和信息化局．"冠军"力量澎湃常州智造新动能［EB/OL］．（2021-12-03）［2022-04-06］．http://dc.changzhou.gov.cn/portal/article.aspx?CurCateId=5&InfoId=3305．

［18］常州市人民政府办公室．市政府办公室关于印发《常州市制造业智能化改造和数字化转型行动计划》的通知：常政办发〔2022〕9号［A/OL］．（2022-02-07）［2022-04-06］．http://www.changzhou.gov.cn/ns_news/444164424148054．

［19］江苏省人民政府办公厅．关于印发《江苏省制造业智能化改造和数字化转型三年行动计划（2022—2024年）》的通知:苏政办发〔2021〕109号［A/OL］．（2021-12-30）［2022-04-06］．http://www.jiangsu.gov.cn/art/2021/12/30/art_46144_

10244386.html.

［20］工业和信息化部. 工业和信息化部关于印发《"十四五"信息化和工业化深度融合发展规划的通知》：工信部规〔2021〕182号［A/OL］.（2021-11-17）［2022-04-06］.http://www.gov.cn/zhengce/zhengceku/2021-12/01/content_5655208.htm.

［21］常州市人民政府办公室. 市政府办公室关于印发《常州市"十四五"工业智造发展规划》的通知：常政办发〔2021〕103号［A/OL］.（2021-11-09）［2022-04-06］.http://www.changzhou.gov.cn/gi_news/870163936046041.

［22］常州市人民政府办公室. 市政府办公室关于印发《常州市"十四五"生态环境保护规划》的通知：常政办发〔2021〕130号［A/OL］.（2021-12-22）［2022-04-06］.http://www.changzhou.gov.cn/gi_news/325164067754932.

［23］常州市人民政府. 市政府关于印发《常州市国民经济和社会发展第十四个五年规划和二〇三五年远景目标纲要》的通知：常政发〔2021〕12号［A/OL］.(2021-03-25)［2022-04-06］.http://www.changzhou.gov.cn/gi_news/541161663504229.

［24］工业和信息化部. 工业和信息化部关于印发《"十四五"工业绿色发展规划》的通知：工信部规〔2021〕178号［A/OL］.（2021-11-15）［2022-04-06］.http://www.gov.cn/zhengce/zhengceku/2021-12/03/content_5655701.htm.

［25］江苏省工业和信息化厅. 关于印发《江苏省"十四五"工业绿色发展等规划》的通知：苏工信综合〔2021〕409号［A/OL］.（2021-09-03）［2022-04-06］.http://gxt.jiangsu.gov.

cn/art/2021/9/3/art_6278_9999502.html.

［26］常州市人民政府办公室.市政府办公室关于进一步提升金融服务实体经济高质量发展的意见：常政办发〔2018〕138号［A/OL］.（2018-09-17）［2022-04-06］.http://www.changzhou.gov.cn/gi_news/351537172861248.

［27］江苏省人民政府.省政府关于金融支持制造业发展的若干意见：苏政发〔2016〕122号［A/OL］.（2016-09-05）［2022-04-06］.http://www.jiangsu.gov.cn/art/2016/9/5/art_46143_2543215.html.

［28］常州市人民政府.常州市关于促进科技金融结合加快科技型企业发展的若干意见：常政发〔2012〕42号［A/OL］.（2012-03-30）［2022-04-06］.http://www.czic.org/PortalWeb/CZInfoCenter/detail?Id=366.

［29］常州市人民政府办公室.市政府办公室关于印发《常州市民营企业融资会诊帮扶实施方案》的通知［A/OL］.（2019-07-26）［2019-08-15］.http://gaj.changzhou.gov.cn/html/czgaj/2019/QBJNPCKL_0816/83586.html.

［30］常州市人民政府办公室.市政府办公室关于印发《常州市中小微企业信用保证基金管理暂行办法》的通知：常政办发〔2017〕20号［A/OL］.（2017-01-19）［2022-04-06］.http://www.changzhou.gov.cn/gi_news/462148532772018.

［31］中共常州市委.关于进一步深化"龙城英才计划"改革创新的意见：常发〔2017〕24号［A/OL］.（2017-07-12）［2022-04-06］.http://www.cticz.com/Home/Detail?id=1284.

［32］常州市委办公室 常州市人民政府办公室.市委办公

室 市政府办公室印发《关于在十大领域打造"龙城英才计划"升级版的实施意见》的通知：常办发〔2020〕27号［A/OL］.（2018-08-20）［2022-04-06］.http://zg.changzhou.gov.cn/html/czzg/2020/FFMAEQPJ_0820/53017.html.

［33］常州市委办公室　常州市人民政府办公室.市委办公室 市政府办公室印发《关于大力助推"明星城"建设 强化高质量发展人才引领的实施意见》的通知：常办发〔2018〕74号［A/OL］.（2018-12-26）［2022-04-06］.https://aimg8.dlssyht.cn/u/1591308/ueditor/file/796/1591308/1606455848852885.pdf.

［34］常州市委办公室　常州市人民政府办公室.市委办公室 市政府办公室印发《关于支持企业家创新创业服务民营经济高质量发展的若干措施》的通知［A/OL］.（2020-04-14）［2022-04-06］.http://gsl.jscz.org.cn/html/gsl/2020/QIMLJFQC_0414/11329.html.

［35］中共常州市委统战部.关于印发《常州市"常商服务卡"实施办法》的通知［A/OL］.（2021-03-19）［2021-04-02］.http://tzb.changzhou.gov.cn/html/tzb/2021/JJOQKMID_0402/17248.html.

［36］常州市人民政府办公室.市政府办公室关于印发《常州市职业技能提升行动实施方案（2019—2021年）》的通知：常政办发〔2019〕118号［A/OL］.（2019-11-06）［2022-04-06］.http://www.cztn.gov.cn/uploadfile/cztn/2019/1203/20191203102137_15425.pdf.

［37］常州市人力资源和社会保障局　常州市财政局.关于印发《常州市职业技能培训补贴实施办法》的通知：常人社

规〔2019〕2号[A/OL].(2021-11-07)[2022-04-06]. http://www.changzhou.gov.cn/gi_news/148157432736949.

[38] 中共常州市委全面依法治市委员会办公室.关于开展法治服务保障创新发展十大行动的实施意见[A/OL]. (2021-02-25)[2022-04-06]. http://www.changzhou.gov.cn/ns_news/827161461200185.

[39] 工业和信息化部.关于印发《国家小型微型企业创业创新示范基地建设管理办法》的通知:工信部企业〔2016〕194号[A/OL].(2016-06-03)[2022-04-06]. http://www.gov.cn/xinwen/2016-06/03/content_5079266.htm.

[40] 工业和信息化部.关于印发《国家中小企业公共服务示范平台认定管理办法》的通知:工信部企业〔2017〕156号[A/OL].(2017-07-05)[2022-04-06]. http://www.gov.cn/xinwen/2017-07/05/content_5208173.htm.

[41] 江苏省经济和信息化委员会.关于印发《江苏省小型微型企业创业创新示范基地建设管理办法》的通知:苏中小综合〔2016〕778号[A/OL].(2016-11-29)[2022-04-06]. http://gxt.jiangsu.gov.cn/art/2016/11/29/art_6278_3009342.html.

[42] 江苏省工业和信息化厅.关于印发《江苏省中小企业公共服务示范平台认定管理办法》的通知[A/OL]. (2020-01-21)[2022-04-06]. http://gxt.jiangsu.gov.cn/art/2020/1/21/art_6278_8982065.html.

[43] 常州市人民政府.2022年常州市人民政府工作报告[R/OL].(2022-03-01)[2022-04-06]. http://www.changzhou.gov.cn/gi_news/531646100290517.

[44] 陈金虎.建设国际化智造名城 打造长三角中轴枢纽 奋力走在社会主义现代化建设前列[R/OL].（2021-09-23）[2022-04-06］. http://www.changzhou.gov.cn/ns_news/546163365276616.

[45] 常州日报.常州市委市政府召开"532"发展战略推进大会[N/OL].（2021-10-30）[2022-04-06］. http://www.changzhou.gov.cn/ns_news/412163555478221.

[46] 常州市人民政府办公室.关于印发《常州市"十四五"生态环境保护规划》的通知：常政办发〔2021〕130号[A/OL].（2021-12-22）[2022-04-06］. http://www.changzhou.gov.cn/gi_news/325164067754932.

[47] 常州市人民政府办公室.关于印发《常州市"十四五"开放型经济发展规划》的通知：常政办发〔2021〕75号[A/OL].（2021-09-02）[2021-10-26］. http://www.czic.org/PortalWeb/CZInfoCenter/detail?Id=2922.

[48] 常州市人民政府办公室.关于印发《常州市"十四五"工业智造发展规划》的通知：常政办发〔2021〕103号[A/OL].（2021-11-09）[2021-12-01］. http://www.changzhou.gov.cn/gi_news/870163936046041.

[49] 常州市人民政府办公室.关于印发《常州市"十四五"科技创新发展规划》的通知：常政办发〔2021〕121号[A/OL].（2021-11-17）[2021-12-10］. http://www.changzhou.gov.cn/gi_news/951163936118909.

[50] 常州市人民政府办公室.关于印发《常州市"十四五"金融发展规划》的通知：常政办发〔2021〕131号[A/OL].

(2021-12-28)[2022-04-06]. http://www.changzhou.gov.cn/gi_news/327164067676794.

后 记

本书由常州市工业和信息化局联合江苏理工大学共同编写。在编写过程中，各级领导殷切关心，市、区各相关部门、单位、企业在资料收集方面给予大力支持。严德群同志负责总牵头、总协调、总策划。薛庆林同志具体负责编撰工作：谋划本书立意框架，拟定分章结构，指导观点提炼，并对各章内容进行了多轮修改和统稿。编委会成员各负其责：第一章由周峥组稿执笔，第二章由陈爱萍组稿执笔，第三章由袁东组稿执笔，第四章由舒克组稿执笔，第五章由李静组稿执笔，第六章由王瑞恒组稿执笔，第七章由包天然组稿执笔，第八章由仲雅芬组稿执笔，第九章由徐磊组稿执笔。谢忠秋、陈晓雪两位同志负责编辑和联系出版工作。由于编者学识、阅历有限，加之时间仓促，难免挂一漏万，敬请读者批评指正！最后，再次向关心和支持本书编撰工作的每一位同事和朋友表示衷心的感谢！